FRANCESCO DESSOLIS

IO, COSTANTINO

AUTORE:

Francesco Dessolis, per vivere fa l'ingegnere, ma il suo grande amore, la sua vera passione sono la storia e tutti i suoi addentellati a 360°... Ha pubblicato: "L'ultima rosa" (2007, Zerounoundici Edizioni), "Guerre Sante" (2009, Zerounoundici Edizioni) "Armi e Amori (2009, Zerounoundici Edizioni) " Quando tramonta il sole" (2011, Aracne editice), "Il muro di Milano" (2015, Soldiershop editore) ed infine i romanzi storici: "Prima della fine" e "Felicità superba" sempre edito da Luca Cristini Editore (Soldiershop)

NOTE EDITORIALI

I nostri libri, quando necessario utilizzano solo testi immagini libere da copyright, principalmente in accordo con la data del decesso dell'autore, unita a immagini o riproduzioni stampate su libri o riviste d'epoca o ancora grazie a materiale concesso con licenze creative commons 3.0 or 4.0 (cc by 4.0), (cc by-nd 4.0), (cc by-sa 4.0) ecc. Inoltre diamo sempre la regolare attribuzione nelle didascalie delle immagini, del testo e/o nello spazio ringraziamenti. L'Editore rimane comunque a disposizione degli eventuali aventi diritto per tutte le fonti iconografiche dubbie o non identificate.
I nostri libri utilizzano solo fonts licenziati da **SIL Open Font License** o licenze similari.

DEDICA

A Tiziana, Sandro, Paolo e tutti gli amici di ROMARS

ISBN: 9788893276054 Giugno 2020
Titolo: **Io, Costantino** romanzo storico di Francesco Dessolis
Altrastoria 26 - Proprietà letteraria riservata
© Luca Cristini Editore 2020 Cover & Art Design: L. S. Cristini.

FRANCESCO DESSOLIS

IO, COSTANTINO

ALTRASTORIA 26

IN HOC SIGNO VINCES.

(dalla Vita di Costantino di Eusebio di Cesarea)

PREFAZIONE

Nell'archivio segreto del Vaticano, sono state ritrovate alcune antichissime pergamene. In calce portano la firma di Eusebio, vescovo di Cesarea, biografo dell'imperatore Costantino.
Sono veramente queste le uniche e vere memorie di Costantino? Le ha raccontate lui medesimo prima di congedarsi dal mondo?
Queste memorie raccontano tanti episodi che non compaiono nei documenti che ci sono stati finora tramandati, né da Eusebio di Cesarea, né da altri.
Forse è tutta una invenzione, ma forse la vera storia di Costantino è proprio quella qui raccontata. Forse gli imperatori, gli usurpatori, i militari, i senatori, i santi erano proprio come sono qui descritti: con vizi privati e pubbliche virtù.

In coda al romanzo ci sono due Appendici.

Nella Appendice 1 sono indicare le reali vicende dei personaggi storici citati, distinguendo tra realtà e fantasia.

Nell'Appendice 2 c'è una leggenda per le tante espressioni latine e greche che ho voluto inserire nel romanzo, inclusi i nomi latini di città che oggi conosciamo con altri nomi.

Nella Appendice 3 un breve racconto inedito dell'autore...

Prologo (A.D. 337)

Dall'archivio segreto del Vaticano:

A Eusebio
Vescovo di Cesarea

Abbiamo appreso, con enorme dolore, la notizia della morte del nostro imperatore Costantino, che tanto operò in favore della cristianità. Sappiamo che l'imperatore vi onorava della sua confidenza e che voi stesso foste testimone del suo battesimo, prima che Dio lo chiamasse a sé.
Ci hanno riferito che voi state scrivendo una nuova opera, avente come oggetto le memorie di Costantino. Avremmo piacere di ricevere prima di tutti una copia di queste memorie. Non vi nascondiamo che siamo molto preoccupati per come potrebbero reagire tanti cristiani, qualora fossero resi noti eventi che, forse, sarebbe preferibile tacere. Vi preghiamo quindi di consegnare al nostro inviato tutte le pergamene che avete scritto. Vi faremo avere quanto prima i nostri commenti.

Giulio
Vescovo di Roma
Papa della Chiesa Cattolica romana

***

A Giulio

Vescovo di Roma
Papa della Chiesa Cattolica romana

Ho consegnato al vostro inviato una copia delle memorie dell'imperatore Costantino. L'imperatore stesso me le ha raccontate e io ho appena finito

di metterle per iscritto. Ho mandato una copia di queste memorie anche ai patriarchi di Alessandria e di Antiochia.
Non vi nascondo che condivido i vostri timori sulla opportunità di pubblicare il testo che vi ho mandato. Mi sembra però giusto che almeno voi e i patriarchi sappiate tutto quello che il primo imperatore cristiano ha voluto raccontatore di sé e della sua famiglia.
Buona lettura, Santità!

Eusebio
Vescovo di Cesarea

I

Da Bisanzio a Salona (A.D. 273-285)

Allora, Eusebio, sei pronto a raccogliere le mie memorie? Adesso io, Flavio Valerio Costantino, Augusto di Oriente e Occidente, ti racconterò tutta la mia vita. Prendi nota, prima che le forze mi abbandonino!

La mia storia incominciò proprio a Costantinopoli, 63 anni fa. Allora questa città si chiamava ancora Bisanzio. Non era la metropoli che io ho creato ma era pur sempre una città importante, punto di passaggio per chi dall'Europa voleva passare in Asia. Per Bisanzio passò anche mio padre, Flavio Valerio Costanzo Cloro.
Mio padre allora aveva solo 21 anni ed era *protector* di una delle legioni che l'imperatore Aureliano guidava contro Palmira. Fu lì che mio padre conobbe mia madre, Flavia Giulia Elena.
Mia madre, a vent'anni, era bellissima. Allora gestiva, con mio nonno, una *taberna*, con annessa *stabula*, per la sua giumenta e i cavalli dei viaggiatori. Mio padre e il suo cavallo si trattennero a Bisanzio solo pochi giorni ma bastarono. Quando mio padre tornò da Palmira, la giumenta era gravida e mia madre pure.
Mio padre chiese a mio nonno la mano di sua figlia. Mio nonno acconsentì, ma solo a condizione che mio padre lasciasse la legione e si fermasse a Bisanzio. Mio padre non ci pensò nemmeno. Dopo pochi giorni ripartì con la sua legione verso la Mesia. Mia madre partì con lui.

Mio padre e mia madre non si sono mai sposati, almeno non con il rito romano. Mamma non avrebbe mai accettato un matrimonio *cum manu*, passando cioè dal potere di *manus* del padre a quello del marito. Mia madre era nata in Bitinia ma non aveva mai accettato la soggezione della donna imposta da greci e romani. Il mio nonno materno non ha mai avuto nessun potere su di lei, mio padre nemmeno. Mio nonno fece il possibile per dissuaderla dal lasciare la famiglia e la *taberna* per seguire un *miles gloriosus* che l'avrebbe solo fatta soffrire. Lei invece aveva fiducia nelle possibilità di mio padre.

«Costanzo non è un *miles gloriosus*! Viene da una nobile famiglia dell'Illirico e presto sarà un *tribunus militum*. Un giorno potrebbe addirittura diventare imperatore!»
«Il giorno in cui gli asini voleranno! Ma tu hai sempre fatto di testa tua e so di non potere fare niente per trattenerti. Sappi però che, se quello zotico ti lascerà, questa è sempre la tua casa.»
«*Gratiam ago, tata!* Ma non preoccuparti per me! So badare a me stessa.»

Mia madre amava mio padre. Anche mio padre l'amava. Glielo disse anche quando fu costretto a lasciarla, ma questo successe solo vent'anni dopo. Mamma seguì il suo compagno in tutti i suoi spostamenti mentre combatteva contro i goti, intorno al *limes* danubiano. Io sono nato a *Naissus*, capoluogo della *Mesia*, provincia dell'*Illiricum*. Non ricordo niente di quel paese perché quando avevo solo otto anni quando mio padre fu nominato *Praeses Dalmatiarum*, governatore della Dalmazia, e la mia famiglia si trasferì a *Salona*.
Non ho mai avuto un rapporto facile con mio padre. Non l'ho chiamato quasi mai *tata* ma sempre *pater*, le poche volte che riuscivo a parlarci. Credo che lui mi volesse bene ma fece sempre ben poco per dimostrarlo. Devo ammettere però che il genitore fece di tutto per farmi crescere sano e forte, curando la mia educazione fisica e insegnandomi, già a dieci anni, a combattere con spade di legno.
Della mia istruzione si incaricò invece mia madre Elena. Con fatica riuscì a trovare per me un *paedagogus* che mi insegnò anche un po' di greco. Purtroppo il mio *magister* era di *Dyrrachium* e parlava greco con un forte accento epirota. Questo accento mi è rimasto appiccicato: neanche i tanti anni passati poi tra Nicomedia e Bisanzio sono riusciti a cancellarlo.
In tutta la mia vita, ho ricevuto affetto, solo da mia madre. Era lei a consolarmi quando il mio *magister* mi sgridava. Fu lei a insegnarmi a trattenere le lacrime davanti a tutti e a sfogarmi solo con lei. Fu sempre mamma che mi insegnò come reagire quando incominciarono a chiamarmi *tracala*.

***

Che stai pensando Eusebio? Dalla tua faccia capisco che anche tu hai sentito parlare del mio soprannome da ragazzo. Ma forse non sai perché mi hanno appioppato quel nomignolo, e tantomeno il suo significato.

Avevo dieci anni e Diocleziano era diventato da poco imperatore. Quell'inverno presi un terribile raffreddore. Avevo anche la febbre e la gola infiammata. Mia madre era molto preoccupata e convinse mio padre a cercare un *medicus*. Il *Praes Dalmatiarum* Costanzo riuscì a fare venire proprio un medico dell'imperatore, un tal Teofilo, da poco tempo a Salona. Teofilo mi fece spalancare la bocca, esaminò la mia gola e si rivolse a me ridendo.
«Hai proprio una brutta trachea. Per forza! Con quel collo largo che ti ritrovi! Bevi questo sciroppo *tracala*!»
I soldati che lo accompagnavano scoppiarono a ridere. Io bevvi quello sciroppo schifoso senza fiatare ma lanciai a Teofilo un'occhiata che gli fece passare subito il buon umore. Mamma accompagnò il medico alla porta e si rifiutò di pagarlo.
«I contadini di queste parti fanno uno sciroppo per la tosse migliore del tuo. Ti rivolgi in quel modo anche all'imperatore?»
Teofilo andò via con la coda tra le gambe ma ormai il soprannome *tracala* mi era rimasto appiccicato addosso. Seppi poi che in Illiria chiamano *tracala* anche un grande lumacone senza guscio.
Fortunatamente oltre al collo grosso ho anche braccia muscolose e un carattere vendicativo. Dopo che ho pestato per bene un paio ragazzi che mi sfottevano, nessuno ha osato più pronunciare impunemente la parola *tracala*, non davanti a me almeno!

Intanto mio padre continuava a fare carriera. Come governatore della Dalmazia era molto apprezzato dall'imperatore. Diocleziano lo presentò al suo braccio destro, il *tribunus* Massimiano. Dopo una campagna insieme contro i goti, mio padre e Massimiano divennero inseparabili.
Un giorno Massimiano ci fece l'onore di venire a pranzo nella nostra villa. Con lui vennero anche la moglie Eutropia e il figlio Massenzio. Mamma capì subito che questo incontro sarebbe stato decisivo per la carriera del marito. Mentre Massimiano e mio padre discutevano in privato nel *triclinium*, mia madre si intrattenne con Eutropia in

un'altra stanza, mentre io e Massenzio fummi invitati ad andare a giocare in giardino.
Con riluttanza condussi Massenzio nel luogo dove mi esercitavo con le armi. Mi sentivo a disagio perché di rado giocavo con ragazzi della mia età e non sapevo come comportarmi con il figlio del braccio destro dell'imperatore.
Massenzio aveva solo un anno meno di me. Fisicamente però eravamo molto diversi. Io, a undici anni, ero alto, robusto e con il mio collo da *tracala*. A dieci anni Massenzio era meno alto ma, slanciato e belloccio. Eravamo diversi anche come carattere. Io timido e scontroso, Massenzio socievole e giocherellone. Cercando di rompere il ghiaccio, il ragazzo provò a scherzare ma disse proprio le parole sbagliate
«Mi pare di averti già visto. Tu sei il ragazzo che chiamano *tracala*?»
Riuscii a stento a trattenere le mani.
«Nessuno mi ha mai chiamato *tracala* senza pentirsene amaramente. Ma non posso rovinare mio padre massacrando di botte il figlio del suo capo.»
Massenzio cercò di smorzare la tensione.
«Non volevo offenderti. Se vuoi batterti con me, dimentica chi è mio padre. Ti va di combattere con spade di legno?»
Mi sembrò un'ottima idea. Ricordandomi quanto mi aveva insegnato mio padre, trattenni la mia ira e affrontai Massenzio a sangue freddo. Il figlio di Massimiano dimostrò di avere imparato anche lui un po' di scherma, da suo padre o da un istruttore. Non era forte come me ma era più agile e sapeva schivare i miei colpi, mettendomi più di una volta in imbarazzo. Usai allora l'astuzia spingendo il ragazzo verso il canale che passava vicino alla nostra villa. Nello schivare un mio colpo, Massenzio scivolò nel terreno fangoso e cadde in acqua.
Aiutai Massenzio ad alzarsi. Era tutto sporco di fango ma non aveva perso il suo buon umore.
«Hai vinto solo perché conoscevi meglio il terreno. Mi devi la rivincita... Costantino!»
Notai che stava quasi per chiamarmi *tracala* ma si era trattenuto.
Quel ragazzo cominciava a diventarmi simpatico.
«Puoi venire qui quando vuoi, ma adesso non puoi farti vedere da tuo padre in questo stato. Devi lavarti prima.»

Condussi Massenzio verso le nostre piccole terme private. Ci spogliammo nudi e ci immergemmo nell'acqua calda. Cominciammo a parlare. Scoprimmo, stranamente, di avere molte cose in comune. Eravamo entrambi figli unici, molto affezionati alla madre e con padri distratti, interessati più alla guerra che alla famiglia.
Parlavamo ancora quando uno schiavo ci trovò. Ci diede due tuniche pulite e ci riportò dalle nostre madri, che avevano cominciato a preoccuparsi.

Quando i nostri ospiti si accomiatarono, Mio padre ci informò di quello che avevano discusso lui e il suo capo, nel *triclinium*.
«Diocleziano ha nominato Massimiano *Caesar sine tribunicia potestas*. Sarà una specie di vice-imperatore e comanderà su tutta la parte occidentale dell'impero. Avrà, come sede, *Mediolanum*. Vuole che io vada con lui, come suo braccio destro.»
Mamma annuì.
«Eutropia mi aveva detto che stava per traferirsi a *Mediolanum*. Andremo lì anche noi?»
«Dicono che *Mediolanum* sia una bella città. Tu e Costantino vi troverete bene. Io però dovrò spesso accompagnare Massimiano sul *limes* del Reno. C'è sempre da combattere!»
Mamma fece un sospiro.
«Quando ho scelto di essere la compagna di un soldato sapevo quello che mi aspettava. Ma ogni attimo passato con te mi ripaga di tutti i giorni e i mesi di attesa.»
Mia madre e mio padre si abbracciarono. Non sapevano che questo trasferimento a *Mediolanum* era il primo passo verso la loro definitiva separazione.

II

Da Mediolanum a Treviri (A.D. 285-293)

Non lo sapevi Eusebio? Un tempo io e Massenzio siamo stati amici. Forse Massenzio è stato l'unico mio vero amico, finché non siamo diventati rivali.

A *Mediolanum*, Massenzio e io, eravamo inseparabili. Massimiano aveva trovato, per la sua e la nostra famiglia due ville vicine, alla periferia della città. La villa di Massimiano naturalmente era più grande e sontuosa ma anche la nostra *domus* era bella, molto più grande di quella che avevamo a Salona.
Io e Massenzio andavamo a scuola insieme. Avevamo *magister* differenti perché Massenzio sapeva scrivere in latino e in greco meglio di me. In palestra però ero più bravo di lui e nella lotta vincevo sempre io.
Eutropia aveva fatto amicizia con mia madre e ci invitava spesso a cena, quando Massimiano e mio padre erano in Gallia, cioè molto spesso. Eutropia una volta confessò a mia madre che avrebbe tanto voluto un altro figlio, ma come poteva concepirlo se suo marito a casa non c'era quasi mai? Massimiano l'aveva sposata a Roma, dove era nato Massenzio, ma in seguito si erano visti ben poco.
Massenzio aveva una gran stima di suo padre, come soldato, ma non come uomo. Una volta il mio amico mi confidò che Massimiano non solo era grossolano e sgarbato ma anche un gran porco: trascurava sua moglie ma amava *futuere* le ragazzine, possibilmente vergini.

Un anno dopo il nostro arrivo a *Mediolanum*, Massimiano da *Caesar* fu promosso *Augustus*, collega di Diocleziano, imperatore di tutta la parte occidentale dell'impero. Anche Costanzo Cloro, mio padre, fu promosso: Massimiano lo nominò prefetto, comandante di tutte le legioni della Gallia Belgica, con sede a Treviri. Mia madre volle raggiungere il marito ed io dovetti seguirla. Lo feci di malavoglia perché a *Mediolanum* avevo una buona scuola e un buon amico.
Il mio commiato da Massenzio fu triste. Il mio amico era in partenza

per Roma, per completare i suoi studi. Mi salutò con un abbraccio.
«Mi mancherai, *tracala*!»
Da Massenzio potevo anche tollerare che mi chiamasse *tracala*, perché sapevo che lo diceva con affetto.
«Mi mancherai anche tu, *stulte*! Ma non ti libererai di me tanto facilmente. Ti verrò a trovare a Roma quando potrò.»
Mantenni la promessa, ma non come avrei voluto.

***

Quando giunsi a Treviri, la città era poco più di un villaggio, abitato prevalentemente da soldati. Il neoeletto Cesare l'aveva scelta come sede solo per la sua posizione strategica: abbastanza vicina al *limes* per potere intervenire rapidamente in caso di invasione, abbastanza lontana per avere il tempo di organizzare una difesa. In ogni caso la città non era nemmeno paragonabile a *Mediolanum*. C'erano ben poche possibilità di svago e le uniche scuole che funzionavano erano quelle in cui erano addestrati i legionari. A poco a poco Treviri si ingrandì, fino a diventare una vera capitale. Con la città crebbi anch'io.

Avevo 16 anni quando accompagnai per la prima volta in guerra mio padre. Prima di partire, il genitore mi fece il punto della situazione.
«Il nemico stavolta non sono i Germani o i briganti Bagaudi. A ribellarsi ora è il romano Carausio, il capo delle legioni della Britannia, le stesse che prima hanno vinto i Bagaudi.»
«Lo sapevo. Ma perché Carausio si è ribellato? È vero che Massimiano lo voleva uccidere?»
Mio padre mi mise una mano davanti alla bocca.
«Che sia vero o no non importa. Massimiano è il nostro Augusto e gli dobbiamo obbedienza.»
«Ma ti fidi di lui?»
«Io non mi fido di nessuno. Ma so che Massimiano ha bisogno di me come io ho bisogno di lui. Questo mi basta. Deve bastare anche a te!»
Mio padre era una persona pratica. Imparai ad esserlo anch'io.
Combattendo contro Carausio, imparai che le guerre non si vincono solo con la armi ma anche con la diplomazia e con l'astuzia.

Massimiano fu costretto a rimandare l'invasione della Britannia per fermare l'invasione dei Franchi Salii che Carausio aveva scatenato contro di noi. Ci vollero anni per ributtare i franchi oltre il Reno. Carausio fu sconfitto solo quando Massimiano cedette a mio padre il pieno comando delle operazioni. Ma questo avvenne solo molto tempo dopo.

A 17 anni fui nominato *protector*. La carica di *protector domesticus* era spesso una scorciatoia, per i giovani di buona famiglia, per fare una rapida carriera nell'esercito. Gli altri legionari lo sapevano ma mio padre non fece nulla per rendermi la vita più facile.
Ogni volta che tornavo a Treviri da una missione di guerra trovavo mia madre ad aspettarmi. Fu lei a consolarmi quando tornai sconvolto dopo avere ucciso il mio primo nemico: un franco che era riuscito a intrufolarsi nel campo romano, per assassinare mio padre, ma aveva sbagliato tenda.
Fortunatamente ho il sonno leggero e sentii il gemito della sentinella che il franco aveva sgozzato.
Feci appena in tempo a impugnare la spada e ad alzarmi. Il franco, stupito di trovarsi davanti un ragazzo, ebbe un attimo di esitazione. Io ne approfittai per lanciarmi contro di lui e trapassargli il petto da parte a parte. Vedendolo rantolare coperto di sangue, vomitai. Negli anni in cui ho combattuto in Gallia ho ucciso altri nemici ma il primo omicidio non si scorda mai.
Nelle tante battaglie che ho combattuto, talvolta sono stato ferito. Mia madre sapeva curarmi meglio dei medici di Treviri, che uccidevano più legionari dei Germani. Dopo il nostro brutto incontro con quel medico di Salona, mia madre aveva imparato a fare delle ottime pozioni di erbe. Siccome era sempre stata brava con ago e filo, imparò presto anche a cucire le ferite. Anche mio padre ricorse talvolta alle sue cure, ma nessun altro. Nessun legionario romano avrebbe mai accettato un medico donna.

***

A 19 anni mi innamorai, per la prima e unica volta.
Quando vidi Teodora attraversare in una biga la strada principale

di Treviri ebbi un tuffo al cuore. Feci qualche domanda in giro e appresi con stupore che Teodora era una figlia illegittima dell'Augusto d'Occidente. La ragazza doveva avere circa la mia età ed era bellissima.

Chiesi maggiori notizie a mio padre ma neanche lui sapeva molto. Massimiano gli aveva detto solo che Teodora era sempre vissuta a Tolosa. Sua madre era di famiglia patrizia ma questo non aveva impedito Massimiano di farne la sua amante. L'Augusto riconobbe la paternità di sua figlia e si impegnò a mantenerla, andando anche a trovarla, di tanto in tanto. Quando la madre della ragazza morì, Massimiano la prese con sé.

Mio padre mi disse anche che Massimiano, era appena tornato da *Mediolanum*. Diocleziano aveva rimproverato l'Augusto di occidente per non essere ancora riuscito a riconquistare la Britannia. Massimiano era tornato a Treviri mortificato. Ma perché si era portato appresso Teodora?

Il giorno dopo, uno schiavo ci portò un messaggio dell'Augusto con un invito a cena nel nuovo palazzo imperiale di Treviri. Era diretto al prefetto Costanzo Cloro, sua moglie Elena e suo figlio Costantino. Questo invito formale lasciò perplesso mio padre ma lusingò molto mia madre che passò ore con la sua schiava personale per scegliere il vestito e la pettinatura.

Quanto a me... L'idea di potere conoscere finalmente Teodora mi elettrizzava. Passai buona parte del pomeriggio nelle terme e indossai la mia migliore toga, facendo attenzione che tutte le pieghe cadessero nel modo giusto.

Quando mio padre mi presentò all'Augusto, dissi solo poche parole di circostanza ma non avevo occhi che per Teodora. Anche lei mi guardava, con un bellissimo sorriso. Era evidente che, malgrado il mio collo da *tracala*, le piacevo.

Dopo cena, Massimiano e Costanzo si appaltarono per parlare in privato. Colsi l'occasione per invitare Teodora a prendere un po' d'aria in giardino. Mia madre mi lanciò una brutta occhiata ma non fece niente per trattenerci.

Non ero esperto di corteggiamenti e con Teodora non volli perdere tempo. Appena giunti in un luogo appartato la baciai. Lei ricambiò il bacio, con labbra di fuoco. Quando si staccò da me le sue parole mi sorpresero.

«Mi piaci molto. Ma non dovremmo aspettare di fidanzarci prima?»
«Magari potessimo sposarci! Tuo padre è un Augusto e mio padre è un semplice prefetto.»
«Tuo padre è un prefetto di cui l'Augusto ha una grande stima. A mio padre farebbe piacere imparentarsi con lui.»
«Lo pensi sul serio?»
«Lo so per certo. Prima di portarmi a Treviri, l'Augusto mi ha detto che mi avrebbe trovato un bel marito. Probabilmente ora ne sta parlando con tuo padre.»
La baciai di nuovo appassionatamente. Non avevo pensato di sposarmi a 19 anni ma non potevo perdere questa occasione: una ragazza meravigliosa, figlia di un Augusto! Che potevo sperare di meglio?
Tornammo nel *triclinium*, dove mia madre ci attendeva preoccupata. Più tardi ci raggiunsero anche Massimiano e mio padre. L'Augusto aveva un'aria soddisfatta. Mio padre aveva una strana espressione che non riuscii a decifrare. Ci congedammo poco dopo.
Nel carro che ci riportava alla nostra *domus*, mio padre eluse tutte le mie domande. Mi disse solo che Massimiano gli aveva fatto una proposta interessante ma lui doveva prima parlarne con mamma. Sapevo che mio padre non prendeva mai una decisione importante senza consultare mia madre. Ma io non potevo aspettare!

Il giorno dopo tornai alla *domus* imperiale. Mi riferirono che l'Augusto era andato a ispezionare le legioni con il prefetto. Teodora si era fatta portare nella migliore sartoria di Treviri per fare delle compere. Decisi di raggiungerla.
Conoscevo bene quella sartoria. Sapevo che, oltre all'ingresso principale, c'era una porticina posteriore che dava in un vicolo. Io stesso l'avevo usata da ragazzo per sfuggire al controllo di mia madre, quando mi obbligava fare compere con lei.
Riuscii ad entrare senza essere notato. Mi diressi verso la stanza dove i clienti provavano i vestiti e mi trovai davanti proprio Teodora. La ragazza indossava una tunica bianca, lunga fino ai piedi e stretta in vita con una cintura di lana: il classico vestito da sposa.
Teodora fece un sobbalzo sentendomi entrare. Poi mi riconobbe e sorrise.
«Non sai che lo sposo non deve vedere l'abito della sposa prima della cerimonia?»

«Mi sposerai veramente? Hai parlato con tuo padre?»
«Non ancora. Penso che l'Augusto mi dirà tutto oggi. Ma perché non anticipare i tempi scegliendo il vestito?»
«Il vestito ti sta benissimo. Ma stanotte ti ho sognata nuda.»
«Perché accontentarsi di un sogno?»
Teodora fece cadere a terra la sua tunica e mi apparve nuda come mamma l'aveva fatta: molto, molto bene! Mi avvicinai a lei attonito, sfiorandole i seni, piccoli ma ben torniti. Poi accarezzai il monte di Venere scendendo sempre più in giù...
Poco dopo facevamo l'amore selvaggiamente, sul pavimento, sopra un mucchio di vestiti. Era la mia prima volta, a parte una squallido incontro con una *meretrix*. La presi più volte e lei mostrò di apprezzare il mio impeto giovanile, gemendo per il piacere.
Teodora non era vergine ma non mi importava chi l'avesse avuta prima di me. Ora lei doveva essere mia, soltanto mia...

***

A casa aspettai con ansia il ritorno di mio padre. Quando finalmente il genitore arrivò, mi mandò subito a chiamare. Iniziò il discorso in un modo che non mi sarei mai aspettato, mostrandomi una pergamena che gli aveva consegnato Massimiano, con una carta dell'impero romano, diviso in quattro parti.

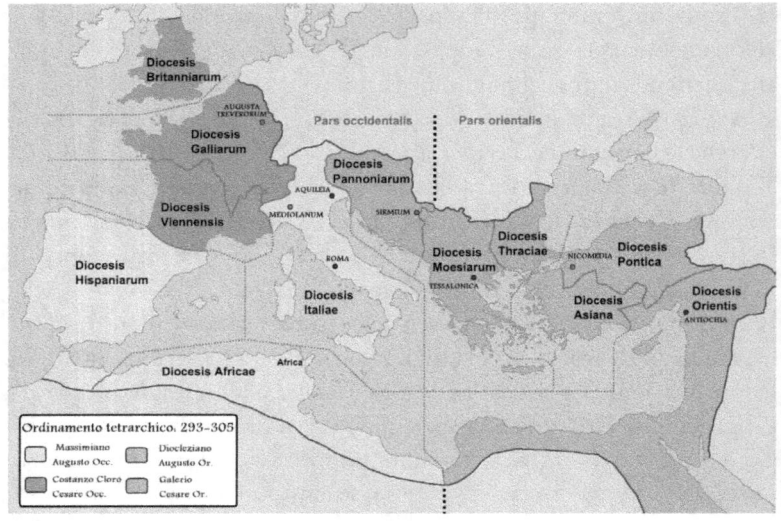

«Diocleziano ha ideato per l'impero un nuovo tipo di amministrazione, che ha chiamato "tetrarchia". Accanto ai due Augusti, Diocleziano e Massimiano, ci saranno anche due Cesari, in oriente e in occidente. I Cesari saranno i successori designati degli Augusti e amministreranno direttamente le zone dell'impero più soggette agli attacchi dei barbari.»
Esaminai attentamente la cartina e non potei evitare un commento.
«Mi sembra un sistema molto complicato. Spero che funzioni!»
«Lo spero anch'io perché il nuovo Cesare d'Occidente sarò io!»
Guardai mio padre stupefatto.
«E' una notizia bellissima! Congratulazioni *pater*!»
Mio padre cambiò espressione.
«Sì, per me questa è una grande occasione. Come Cesare avrò grandi poteri. Amministrerò la Gallia e avrò tutte le risorse per riconquistare la Britannia. Ma il potere ha un prezzo! Massimiano vuole che lasci tua madre.»
Costanzo fece una pausa per farmi digerire la notizia. Io cercai di obiettare.
«Non capisco. Perché mamma non piace all'Augusto? È intelligente, ti è stata sempre vicino. Sarebbe un ottima moglie anche per un Cesare.»

«Massimiano non ha niente contro tua madre. Il problema è che, se divento un Cesare, sarò anche un tetrarca. I tetrarchi devono collaborare sempre tra loro. Devono anche avere legami di parentela. Se voglio essere un Cesare devo sposare chi vuole Massimiano.»
Cominciavo a capire, ma feci lo stesso la domanda.
«Chi dovresti sposare?»
«Sua figlia Teodora.»
La parole di mio padre mi avevano sconvolto ma non mi volevo arrendere. Provai a suggerire al genitore un'alternativa.
«Non puoi perdere l'occasione di diventare un Cesare. Ma se ti devi imparentare con Massimiano non è necessario che tu ti separi da mamma. Teodora ha la mia età. Potrei sposarla io!»
Mio padre scoppiò a ridere.
«Ti piacerebbe eh! Io mi sono fatto un *culum* così per anni, agli ordini di Massimiano. Ora mi offrono una moglie giovane e bella... e la dovrei cedere a un giovane *protector* solo perché è mio figlio? Ho 43 anni e ho diritto anch'io di godermi la vita.»
«Ma *tata*! Pensa a mamma!»
«Devi essere proprio disperato se ora mi chiami *tata*! Con tua madre ci ho già parlato. Secondo la legge romana non siamo mai stati sposati, quindi non è nemmeno necessario un atto di ripudio. Come regalo di addio le darò una bella somma. Potrà tornare a Bisanzio e investire un po' di sesterzi nella *taberna* del padre, se lo vorrà.»
«Ed io? Come potrò restare accanto a te quando sarai sposato con Teodora?»
«Non resterai a Treviri. Io e Massimiano abbiamo pensato anche a te. Andrai a Nicomedia, alla corte di Diocleziano. Se ti farai valere, come ho fatto io, un giorno potrai diventare anche tu un Cesare, forse anche un Augusto!»
Davanti a mio padre riuscii a mantenere il controllo ma, quando andai a parlare con mia madre, non riuscii a trattenere le lacrime. Anche mamma aveva subito un duro colpo ma seppe reagire e diede coraggio anche a me. Giurai, su tutti gli dei, che nessuno si sarebbe più preso gioco di me. Mai più!

III

Da Treviri a Nicomedia (A.D. 293, 294)

Prima di lasciare Treviri, dovetti assistere al matrimonio di mio padre con Teodora. Per me fu terribile vederla avanzare a fianco di mio padre con la stessa tunica bianca che indossava nella sartoria dove avevamo fatto l'amore. Mi ripromisi di fare l'indifferente e ci riuscii, baciando perfino la sposa su una guancia.
Una settimana dopo mio padre fu proclamato Cesare ma io non assistetti alla cerimonia. Con mia madre ero già in un carro in viaggio per *Massalia*, da dove mi sarei imbarcato per Bisanzio.

Hai preso appunti Eusebio?
I fatti che ti sto raccontando non sono noti a tutti. Le persone che più hanno avuto importanza nella mia infanzia e adolescenza oggi non ci sono più. I pochi che rimangono potrebbero avere raccontato una versione distorta e incompleta di quelle vicende. Io però voglio che almeno i posteri sappiano che non sono sempre stato l'uomo duro e insensibile che tanti hanno descritto: lo sono diventato!

Il viaggio in mare da *Massalia* a Bisanzio fu lungo. Io e mia madre avemmo tutto il tempo di fare progetti per il futuro. Mamma seppe darmi utili consigli.
«Io mi fermerò a Bisanzio. Non faresti una bella figura se ti presentassi alla corte di Diocleziano con tua madre, soprattutto con una madre ripudiata. Bisanzio è vicino a Nicomedia. Potrai venire a trovarmi ogni tanto, ma non troppo spesso. L'imperatore non deve pensare che tu sei un mammone.»
«Mi mancherai mamma. Secondo te, perché Massimiano e Diocleziano mi hanno mandato a Nicomedia? Che cosa di aspettano da me?»
«Possono esserci molte ragioni. Il meccanismo della tetrarchia inventato da Diocleziano è molto complicato. Un Augusto nomina il Cesare. Se decide di ritirarsi, il suo Cesare prende il suo posto. Se tuo padre diventasse Augusto, potrebbe nominare Cesare proprio te!»

«Davvero? Allora Diocleziano vuole educarmi a fare l'imperatore?»
«Forse. O forse Diocleziano potrebbe volerti come ostaggio per tenere sotto controllo tuo padre. O forse l'imperatore non ha ancora deciso e vuole metterti alla prova.»

Finalmente la mia nave approdò a Bisanzio. Mio nonno accolse con gioia mia madre ma non poté trattenere un rimprovero.
«Te l'avevo detto quel *miles gloriosus* non era adatto a te.»
«E io ti avevo detto che Costanzo poteva diventare imperatore. Adesso è già Cesare e un giorno diventerà Augusto. Tuo nipote Costantino prenderà il suo posto! Lo so.»
Avrei voluto condividere l'ottimismo di mia madre ma decisi di fare di tutto per non deluderla.
Il giorno dopo, passai lo stretto e mi misi in viaggio per Nicomedia, dove fui accolto alla corte imperiale. Mio padre una volta l'aveva definita un nido di vipere. Non si sbagliava.

***

Quando era governatore della Dalmazia, mio padre aveva sempre provato per Diocleziano un reverenziale timore. Capii subito perché. Quando mi presentarono l'Augusto di Oriente, l'imperatore aveva appena compiuto cinquant'anni. Il suo viso era scavato da rughe ma i suoi occhi penetranti non erano quelli di un vecchio. L'imperatore sprizzava autorità da tutti i pori. Non per niente aveva vinto tutti i suoi nemici, interni ed esterni, e stabilizzato l'impero. Almeno fino a che non lo ha stupidamente diviso con la sua macchinosa tetrarchia...

Non sei d'accordo Eusebio? So che per te, e per tanti altri, Diocleziano fu solo uno stupido ammazza cristiani ma, quando giunsi a Nicomedia l'imperatore non aveva ancora iniziato le sue sanguinose e inutili persecuzioni. Allora i cristiani erano, se non tollerati almeno ignorati. Diocleziano non lo sapeva, ma perfino sua moglie Prisca si era fatta battezzare di nascosto. Io stesso avevo conosciuto legionari che si segnavano la fronte con un segno di croce ma non ci avevo dato peso.

Dove ero rimasto? Ah sì! Al mio incontro con l'imperatore. Diocleziano mi spiegò subito che cosa si aspettava da me.
«Massimiano mi ha detto che, come *protector*, hai dato buona prova di te. Con me sarai *tribunus ordinis primi*. Per incominciare mi accompagnerai al *limes* danubiano nella prossima spedizione contro i Sarmati. Valuterò io stesso come te la cavi.»
«Vi sono molto grato per l'opportunità che mi state dando. Come l'Augusto Massimiano l'ha data a mio padre...»
Diocleziano non mi permise di finire il discorso che avevo preparato.
«Non ti fare illusioni. Le cariche di Cesare e di Augusto non sono ereditarie. Ogni Augusto sceglie un Cesare come vice-imperatore ed erede ma la scelta deve essere dettata dal merito, non dal sangue.»
Chinai il capo.
«Sarete voi stesso a giudicare se ho qualche merito, Augusto! Nel frattempo sarò sempre vostro fedele servitore.»
Lasciai il colloquio con Diocleziano un po' deluso ma non scoraggiato. Dopotutto l'imperatore non aveva escluso che un giorno potessi prendere il suo posto.

Non partii subito per la Tracia. Pochi giorni dopo il mio arrivo a Nicomedia ebbi una piacevole sorpresa. Mentre camminavo, un po' spaesato, nelle strade di Nicomedia sentii una voce familiare.
«*Tracala! Tu quoque in Nicomedia?*»
Mi voltai. Solo Massenzio poteva avere il coraggio di chiamarmi *tracala*. Salutai il mio amico con un abbraccio.
«Massenzio! *Es stultior asino!* Che fai a Nicomedia?»
«Mi sposo.»
Il mio amico di *Mediolanum* ora aveva 18 anni. Era cresciuto quasi quanto me, era diventato più robusto ma aveva conservato il suo bel sorriso di sempre. La sua promessa sposa era Valeria Massimilla, figlia di Gaio Galerio, Cesare d'Oriente e genero di Diocleziano. Con questo matrimonio i legami tra le famiglie dei tetrarchi si rinsaldavano. Solo io ero rimasto fuori!

Massenzio mi invitò a cena nella *domus* della sua famiglia a Nicomedia. Sua madre Eutropia mi accolse affettuosamente. Con lei c'era una bella bambina, di circa tre anni. La piccola corse incontro a

Massenzio, che la prese in braccio e me la presentò.
«Questa piccola peste è la mia sorellina Fausta. È nata quando mamma non ci sperava più.»
Fausta era molto carina, con riccioli biondi e grandi occhi scuri. Mi domandai se anche lei un giorno avrebbe fatto un matrimonio utile alla sua famiglia. Non riuscii a trattenere un triste commento.
«A Treviri, tuo padre mi ha presentato un'altra tua sorella.»
«Lo so: la mia sorellastra Teodora! Ignoravo perfino la sua esistenza fino a un anno fa. Mio padre me l'ha presentata poco prima di partire con lei per Treviri. Pensavo che avrebbe sposato te.»
«Lo pensavo anch'io!»
Finii per raccontare al mio amico tutta le mie vicende in Gallia, dal primo uomo che avevo ucciso alla prima donna che avevo amato. Tacqui il mio furtivo incontro con la sua sorellastra nella sartoria ma non nascosi il mio disappunto per il torto che mio padre aveva fatto, a mia madre e a me.
Massenzio cercò di consolarmi.
«Mio padre non è meglio del tuo. Sai che avrebbe preferito sposare lui Massimilla? Fortunatamente Galerio non ha voluto dare sua figlia a un vecchio!»
Massenzio mi raccontò la sua vita a Roma. Aveva perfezionato la sua istruzione, aveva imparato l'uso delle armi con i pretoriani ma non aveva ancora militato in una legione.
«Mio padre ha promesso di portarmi al *limes* nel Norico la prossima primavera. Per ora voglio cimentarmi solo nel talamo. Massimilla vuole subito un figlio.»
Conobbi Massimilla solo il giorno del suo matrimonio. Era veramente una bella sposa. Allora aveva solo sedici anni ma, dal suo sguardo vigile, si capiva che la grinta non le mancava. Forse era proprio la moglie che ci voleva per Massenzio.

Al banchetto di nozze, lo sposo mi volle accanto a lui nel tavolo principale. Con noi c'erano Gaio Galerio, Cesare d'Oriente e padre della sposa, i tribuni Flavio Severo e Publio Licinio, fedeli compagni d'arme di Galerio, e infine Massimino Daia, figlio di una sorella di Galerio.
Quando Massenzio mi presentò al suocero, Galerio non mi fece una

buone impressione. Aveva 43 anni, come mio padre, ma il suo viso era pieno di rughe e il uno sguardo era inquietante. Si rivolse a me in tono circospetto.
«Non sapevo che tu e Massenzio vi conosceste!»
Imbarazzato, pesai bene le parole
«Io e Massenzio abbiamo studiato insieme a *Mediolanum*, prima che mio padre fosse trasferito a Treviri. Più tardi io e lui abbiamo preso strade diverse ma abbiamo continuato a scriverci.»
«E' un bene che ci sia amicizia e collaborazione tra le famiglie dei tetrarchi! Mi hanno riferito che tu hai dato una buona prova in Gallia. Hai già parlato con Diocleziano?»
«Sì. Mi ha detto che dovrò andare sul *limes* del Danubio.»
«Lo so. Sono stato io a suggerirlo. Combatterai agli ordini del qui presente Licinio.»
Licinio era su un triclinio vicino al mio. Dimostrava circa 30 anni. Aveva lineamenti grossolani ma un sorriso cordiale. Mi tese la mano.
«Benvenuto nella *legio II Audiutrix*, Costantino!»
«Sono lieto di averti come capo, Licinio, *Amor patriae nostra lex*!»
Licinio e Galerio sembrarono soddisfatti della mia risposta: una delle tanti frasi fatte che mi ero preparato per ogni occasione. Galerio si rivolse a tutto il tavolo.
«Mi dispiace di non potere combattere anch'io sul *limes*. La settimana prossima partirò con Severo per l'Egitto. Diocleziano mi ha incaricato di domare una rivolta nelle regioni del Sud. Non credo che sia importante. Dovrei sbrigarmi presto!»
A questo punto intervenne Severo.
«Se la ribellione fosse poco importante, non credo che Diocleziano avrebbe mandato proprio te, Cesare! Temo che gli Egiziani ci faranno penare.»
Mi stupì che Severo osasse contraddire il suo capo. Il tribuno doveva avere poco meno di quarant'anni. Era alto e slanciato, con lineamenti fini. Galerio gli lanciò un'occhiataccia ma non lo rimproverò.
«Rimarremo in Egitto quanto sarà necessario. Nel frattempo ci godremo le schiave Nubiane!»
Forse fu proprio il riferimento alle schiave Nubiane a fare intervenire Massimino Daia.
«Zio Galerio posso venire con voi? Mi piacerebbe tanto vedere le piramidi e la Sfinge!»

«No Daia! Noi non andiamo in Egitto per fare i turisti ma per combattere. Tu hai solo 14 anni e devi finire i tuoi studi a Nicomedia.»
Il ragazzo fece il broncio ma poi brindò con tutti noi, agli sposi e alla grandezza dell'impero romano.

Molti anni dopo, tutti i commensali di quella tavolata avrebbero combattuto tra di loro, per il titolo di Augusto. Nessuno avrebbe potuto immaginare che proprio io, Costantino, il più sfigato di tutti, sarei stato l'unico vincitore.
Al banchetto nuziale di Massenzio mancarono solo i due Augusti di allora. Massimiano, padre dello sposo, era impegnato sul *limes* del Norico. Diocleziano, che non amava le feste, fece solo una rapida apparizione, per fare gli auguri agli sposi.
Due settimane dopo, partii con Licinio e Diocleziano, per la guerra contro i Sarmati. Passando per Bisanzio, ebbi appena il tempo di salutare mia madre e mio nonno. Per me stava per iniziare una nuova vita.

IV

Dalla Pannonia alla Siria (A.D. 294-297)

Nella sua campagna contro i Sarmati Iazigi, Diocleziano mise il suo quartiere generale a *Sirmio*, in Pannonia, vicino al *limes* danubiano. Nel primo schema ideato per la tetrarchia, *Sirmio* doveva essere la sede del Cesare di Oriente, per la difesa del *limes* danubiano e l'amministrazione di Pannonia, Illirico e Macedonia. L'ennesimo attacco dei Sarmati aveva indotto Diocleziano a mandare Galerio in Egitto e ad insediarsi a *Sirmio* lui stesso. Come mai?
La cosa non mi pareva chiara. Ne discussi una sera con Licinio, dopo molte coppe di vino.
«Secondo te Diocleziano non si fida più di Galerio?»
Licinio mi zittì e mi parlò a bassa voce.
«Se Diocleziano non si fidasse di lui non gli avrebbe fatto sposare sua figlia e non lo avrebbe nominato Cesare. Non gli avrebbe nemmeno affidato una delicata missione in Egitto.»
«Sì. Ma tu hai combattuto per anni con Galerio. Che c'è che non va in lui?»
Licinio esitò prima di rispondere.
«Non saprei. Galerio è un ottimo combattente e un discreto comandante. Contro i Sarmati ha vinto molte battaglie ma non è mai riuscito a ottenere una vittoria decisiva. Forse Diocleziano è impaziente e vuole dare lui stesso il colpo finale.»
«Forse. Ma sono convinto che c'è dell'altro.»
«Forse. Ma faresti meglio a tenere per te queste convinzioni. Galerio ha occhi e orecchie dappertutto.»

Combattemmo più due anni sul *limes* danubiano. I Sarmati si rivelarono un avversario degno di rispetto ma infine li sbaragliammo ricacciandoli a nord del fiume. Molti di loro caddero in battaglia e tanti altri furono fatti schiavi.
Diocleziano volle pregiarsi del titolo di *Sarmaticus Maximus* ma il merito non fu tutto suo. Alla vittoria contribuimmo noi tutti, dal semplice legionario a capi esperti come Licinio, pronti anche dare la

vita per Roma, anche se Roma la maggior parte di noi non l'aveva mai vista.

Per consolidare la vittoria, Diocleziano diede inizio alla costruzione di una serie di forti a nord del fiume da *Aquincum* a *Onagrinum*. Queste nuove fortificazioni erano destinate a far parte di una nuova linea difensiva, la *Ripa sarmatica*. Molti anni dopo, come imperatore, avrei completato questi forti io stesso.

Anche allora, pensavo spesso come mi sarei comportato se avessi avuto io il comando delle operazioni. Imparai molto da Licinio ma anche lui aveva stima di me, un *tribunus ordinis primi* che aveva appena compiuto vent'anni. Mi consultava spesso, prima di prendere le decisioni tattiche più importanti.

Ti meravigli Eusebio?
Licinio e io eravamo amici, malgrado le differenze di grado e di età. Pensavo che saremmo rimasti amici anche quando diventammo entrambi Augusti. Ma poi...

Al termine della campagna, Diocleziano mi mandò a chiamare.
«Licinio mi ha parlato molto bene di te. Voglio verificare di persona se posso affidarti incarichi più importanti. Tornerai con me a Nicomedia. Licinio resterà a *Sirmio* per la supervisione della *Ripa sarmatica*.»
«Vi ringrazio per il vostro apprezzamento. Posso sapere quale sarà il mio prossimo incarico?»
«Mi aiuterai a preparare una spedizione contro i Persiani. Re Narsete di Persia ha invaso l'Armenia e ora minaccia le nostre frontiere. Ho ordinato a Licinio di distogliere dal Danubio tutte le legioni disponibili per inviarle in Oriente. Quel *cunnus* di Galerio è andato in Siria, senza nemmeno avvisarmi. Mi ha scritto che aveva già domato la rivolta egiziana ma non mi ha convinto. Voglio andare a controllare io stesso.»

***

Prima di tornare alla corte imperiale, Diocleziano mi diede il permesso di fermarmi qualche giorno a Bisanzio. Mamma e nonno mi fecero una gran festa. Raccontai tutte le mie avventure in Pannonia e loro mi raccontarono quello che era successo nel resto dell'impero romano negli ultimi due anni.

Mamma ogni tanto riceveva una *epistula* da mio padre. La guerra contro i Franchi era al termine. Costanzo Cloro, novello Cesare, aveva rioccupato tutti i porti della Gallia Belgica e si preparava a riconquistare la Britannia. Intanto aveva avuto due figli: una femmina che era stata chiamata Costanza e un maschio di nome Dalmazio. La notizia che mio padre aveva ricominciato a procreare non mi piacque affatto. Mamma mi rincuorò.

«Di questo non devi preoccuparti. Quando si porrà il problema della successione a tuo padre, i tuoi fratellastri saranno troppo giovani per darti fastidio.»

Mamma ha sempre creduto in me. Mentre io combattevo sul Danubio, lei aveva rimetteva a nuovo la *taberna*, che ora era frequentata solo da gente facoltosa. Aveva messo da parte un bel po' di sesterzi ed era pronta a spenderli tutti per darmi il suo sostegno, al momento opportuno.

Tornato a Nicomedia, la prima persona che incontrai, dopo Diocleziano, fu Massimino Daia. A sedici anni, il ragazzo aveva completato i suoi studi e aveva avuto il permesso di raggiungere Galerio in Siria.

«Zio Galerio mi porterà a combattere contro ai Persiani. Gliela faremo pagare a quei bastardi!»

«Allora faremo il viaggio insieme. Diocleziano mi ha detto che vuole parlare con tuo zio, prima di andare in Egitto.»

Il realtà l'Augusto era furioso contro il Cesare che ignorava i suoi avvertimenti. Galerio era andato ad affrontare i persiani oltre l'Eufrate, senza aspettare l'imperatore suo suocero. Diocleziano andava in Siria proprio per richiamarlo all'obbedienza.

«Galerio è un incosciente! I persiani sono sempre stati i nostri nemici più pericolosi. Non deve prenderli sottogamba!»

Quando arrivarono a Nicomedia le legioni di rinforzo dal *limes* danubiano, Diocleziano ordinò ai loro comandanti di proseguire verso Antiochia via terra. L'Augusto invece preferì raggiungere la Siria via mare, con poche navi di scorta. Io partii con lui.

La nostra nave approdò ad *Alexandria Scabiosa*, l'approdo più vicino

ad Antiochia, capoluogo della Siria. Al porto trovammo ad accoglierci Flavio Severo, il vice di Galerio, che volle subito parlare con Diocleziano. Portava brutte notizie.
«I persiani ci hanno attaccato a *Callinicum*. Abbiamo combattuto valorosamente ma ci hanno sopraffatti. A stento siamo riusciti a ripassare l'Eufrate...»
Diocleziano lo interruppe.
«Non avreste mai dovuto passare l'Eufrate, prima di ricevere i rinforzi che vi avevo promesso. Quante perdite avete avuto?»
«Quasi la metà degli effettivi, Augusto!»
Il giorno dopo l'Augusto Diocleziano entrò ad Antiochia su un carro. Il Cesare Galerio fu obbligato a seguirlo a piedi. Più tardi Augusto e Cesare discussero in privato nel palazzo di Galerio. Non so esattamente cosa si sono detti ma posso immaginarlo.
Il giorno dopo Diocleziano mi chiamò per riferirmi un cambio di programma.
«Domani io partirò per l'Egitto ma tu resterai con Galerio. Aspetterai con lui l'arrivo delle legioni di rinforzo da Nicomedia. Ho intimato a Galerio di non prendere iniziative prima di avere formato una nuova armata.»
«Sono sempre ai vostri ordini. Quali saranno le mie mansioni?»
«Sarai i miei occhi e le mie orecchie durante l'intera campagna contro i persiani. Mi riferirai tutto su Galerio senza tacere niente: vittorie, sconfitte e pettegolezzi. Consegnerai i tuoi rapporti a un corriere ogni volta che ne avrai l'opportunità.»
L'idea di fare la spia non mi piaceva molto. Provai a obiettare.
«Non avrò nessun incarico militare? Se Galerio capisce che mi avete mandato a controllarlo mi odierà. Potrebbe perfino fare in modo che... mi capiti un incidente!»
«Ho ordinato a Galerio di inserirti nel suo stato maggiore e di darti incarichi adatti alla tue capacità. Gli ho anche detto che, se ti succedesse qualcosa, lo riterrei direttamente responsabile. Se farai carriera ci sarà sempre qualcuno che ti odierà.»

L'incarico ufficiale che Galerio mi diede fu quello di "addetto ai rifornimenti". Dovevo solo controllare che le legioni accampate nei pressi di Antiochia fossero ben nutrite ed equipaggiate, in attesa dei

rinforzi e della battaglia finale. Il re dei persiani, Narsete, era stato richiamato a Ctesifonte ma sarebbe presto tornato, con un esercito ancora più agguerrito. Il prossimo scontro sarebbe stato decisivo.
Dopo la partenza di Diocleziano, Galerio mi fece il vuoto intorno. I legionari mi parlavano solo per le minime esigenze di servizio. Massimino Daia, che si annoiava, chiacchierava ogni tanto con me ma si allontanava subito quando arrivava suo zio.
Per ingannare il tempo finii per passare molto tempo con Tiridate, il re dell'Armenia che era fuggito ad Antiochia quando i persiani avevano occupato il suo regno.
Tiridate era stato educato a Roma e sperava che noi romani lo rimettessimo sul trono. Intanto rimaneva ospite di Galerio, servito e riverito ma inoperoso. Un giorno provai a fargli una domanda.
«Qual è l'atteggiamento degli armeni nei confronti dei persiani?»
«Sono nostri nemici da secoli. Finora siamo riusciti a restare indipendenti ma ora pare i persiani che non si accontentino più di un semplice tributo. Hanno messo un re fantoccio che vuole imporci pure la religione persiana.»
«Che religione hanno i persiani?»
«Quella di un certo Zoroastro. Credono in un dio del bene e un dio del male che lottano tra loro. I re persiani non ammettono altre religioni.»
«Allora gli armeni dovrebbero preferire noi romani. Da noi sono onorati tutti gli dei.»
«Non il Dio dei cristiani. Da noi ci sono moltissimi seguaci di Cristo. Tre anni fa ho messo in carcere un loro capo, un tal Gregorio, ma dopo l'invasione persiana è scappato. Ora Gregorio è nascosto tra le montagne con i suoi fedeli.»
Riflettei. Forse questi cristiani potevano esserci utili.
«Tiridate, tu credi negli dei?»
Il re spodestato mi guardò stupito.
«A tutti e a nessuno. Perché?»
«Se promettessi a questo Gregorio libertà di culto ai cristiani, credi che lui aiuterebbe i romani a ridarti il trono?»
Tiridate rifletté prima di rispondere.
«Non so. Potrebbe funzionare. Ma dovrei fare credere a Gregorio che mi sono sinceramente convertito.»

Con Tiridate concordai un piano che poi proposi a Galerio. Spiegai al Cesare che Tiridate poteva organizzare in Armenia una resistenza contro i persiani. Preferii però non parlargli dei cristiani.
Galerio colse l'occasione per liberarsi di me.
«D'accordo. Puoi andare tu stesso in Armenia con Tiridate e una scorta. Però prima devi scrivere a Diocleziano. Voglio che l'imperatore sappia che l'idea è stata tua. Se ti succederà qualcosa non sarà colpa mia!»

Così partii per l'Armenia, con Tiridate, il suo seguito e dieci legionari romani. All'insaputa di Galerio scelsi solo legionari cristiani. Avevo imparato a riconoscerli da come si facevano il segno di croce sulla fronte prima di andare a combattere.
Dopo lunghe ricerche trovammo Gregorio, il patriarca d'Armenia, che i suoi seguaci già chiamavano l'Illuminatore. Gregorio accolse Tiridate con molta diffidenza.
«Tu mi hai tenuto in prigione per anni, mi hai fatto torturare... e adesso mi dici che credi in Cristo?»
Tiridate si era preparato un bel discorso.
«Ad Antiochia mi ero ammalato. Credevo di morire e ho avuto una visione. Ho pregato Cristo e sono guarito.»
Gregorio non mi parve molto convinto ma forse capì che gli conveniva credergli.
«Vuoi farti battezzare?»
«Se tornerò re, non solo mi farò battezzare ma dichiarerò il cristianesimo religione di stato. Tutti gli armeni devono credere in Cristo.»
A questa offerta Gregorio non poteva dire di no.
«Se vuoi che i cristiani combattano per te, dovrai ripetere questo discorso davanti a tutti. Ma i romani? Nell'impero romano il cristianesimo è proibito.»
A questa domanda fui io a rispondere.
«I legionari che sono venuti con noi sono cristiani. Nell'esercito romano ce ne sono molti altri. Prima o poi il cristianesimo sarà permesso anche a Roma.»

Che hai Eusebio? Non mi credi? Gregorio l'Illuminatore sicuramente non ti ha raccontato il vero motivo per cui Tiridate si è convertito al cristiane-

33

simo. Se tu hai creduto a un miracolo mi dispiace disilluderti. Tiridate ha fatto la sua scelta per motivi politici... come molti anni dopo ho fatto io!

Tornai ad Antiochia con Tiridate e Aristakes, un figlio di Gregorio. Dietro mio consiglio, Aristakes non parlò di Cristo ma disse a Galerio di essere amico di Roma e che gli armeni erano pronti a ribellarsi ai persiani.
Galerio colse l'occasione al volo. Le legioni di rinforzo erano arrivate e l'esercito romano era pronto ad invadere l'Armenia. Galerio si mise d'accordo con Aristakes per attirare l'esercito persiano in una trappola.
Nei giorni successivi, gli armeni massacrarono una guarnigione persiana e re Narsete guidò lui stesso un esercito in Armenia per vendicare l'affronto. L'esercito romano andò ad affrontarlo.
Galerio si inoltrò lui stesso tra le montagne dell'Armenia, facendo una ricognizione del terreno, come *speculator*. Una volta individuata la posizione dell'esercito di Narsete, romani e armeni attaccarono di sorpresa il campo persiano.
Non fu una battaglia ma una carneficina. Re Narsete riuscì a stento a fuggire ma lasciò nel campo l'intero suo harem, le sorelle, i figli e il tesoro reale. Furono fatti prigionieri anche molti esponenti della nobiltà persiana, che implorarono il perdono di Tiridate.

Il bottino fu enorme e anch'io ne ebbi una piccola parte. Galerio volle intrattenersi con l'intero harem ma invitò l'amico Severo e il nipote Daia a fare un'orgia con lui.
I tre rimasero nel padiglione reale con le donne due giorni e due notti. Le grida e i gemiti che provenivano dalla tenda fecero sbellicare dalle risa tanti legionari. Quelli che ogni tanto entravano, per portare cibo e vino, raccontarono cose incredibili...
Infine Galerio mi mandò a chiamare. Mi mostrò una ragazza impaurita che riusciva appena a coprirsi con una tunica stracciata.
«Questa qui dice di chiamarsi Minervina. Parla latino e ha avuto la sfacciataggine di dirmi che è parente dell'Augusto Diocleziano. Te la regalo!»

V

Dalla Siria all'Egitto (A.D. 297, 298)

Passata la sbornia, Galerio fece il possibile per sfruttare la sua vittoria. Inseguì l'esercito di Narsete e sconfisse ancora i persiani, conquistando la citta di *Nisibis*, fortezza da sempre contesa tra romani e persiani. Poi decise di continuare la marcia, lungo il fiume Tigri, fino a Ctesifonte, la capitale occidentale dei Persiani.
Io non andai con lui. Galerio mi diede l'incarico di tornare ad Antiochia con una scorta, per portare in salvo il tesoro reale e i prigionieri più importanti, di cui intendeva chiedere il riscatto. Tra loro c'erano anche le sorelle e la moglie principale di Narsete.
Galerio tenne per sé Zenobia, la concubina più bella, e divise le altre tra Severo, Daia e altri capi legione. Minervina, la concubina toccata a me, non era tra le più belle dell'harem ma fui lieto di riscattare una cittadina romana dalla schiavitù.
Era veramente parente di Diocleziano? La ragazza parlava latino con accento illirico. Mi disse che suo padre, Minervio Genzio, veniva da Salona e sua madre, Elettra, era greca: mi segnai i loro nomi per chiedere all'imperatore se li conosceva.
Durante il viaggio tra *Nisibis* e Antiochia, Minervina a poco a poco si riprese dal trauma ricevuto. Piangendo, volle pure raccontarmi alcuni dettagli dell'orgia a cui aveva partecipato. Seppi che il giovane Daia, dopo essere stato con tutte le donne dell'harem, si era fatto *futuere* dallo zio Galerio. Anche Galerio, alla fine, si era fatto *futuere*, dall'amico Severo. Bel terzetto quei *cinaedi*!
Naturalmente non raccontai questi particolari nel messaggio che, da Antiochia, mandai Diocleziano. Gli riferii solo della nostra vittoria in Armenia e degli ostaggi trattenuti ad Antiochia. Al corriere consegnai anche un messaggio del Cesare Galerio per l'imperatore. Avrei tanto voluto leggerlo ma non potevo srotolare la pergamena senza rompere il sigillo.

***

Restai più di un mese inoperoso ad Antiochia, senza avere notizie né da Galerio né da Diocleziano.
Infine Galerio tornò vittorioso da Ctesifonte. Aveva saccheggiato la capitale dei persiani e portato ad Antiochia un enorme bottino. Aveva avuto però la saggezza di ritirarsi, prima che re Narsete riuscisse a mettere insieme un altro esercito.
Quasi contemporaneamente mi arrivò il messaggio di risposta da Diocleziano. Mi ordinava di raggiungerlo in Egitto. Mi chiedeva anche di portare con me Minervina, per sincerarsi che fosse veramente una sua parente.
Quando riferii il messaggio alla ragazza, la sua risposta mi prese di sorpresa.
«Spero di riuscire ad affrontare il viaggio. Sono incinta!»
Minervina, all'inizio, non mi aveva fatto una bella impressione ma era tutt'altro che brutta.
Quando l'avevo vista la prima volta, lei era ancora in stato di shock, con lo sguardo allucinato, i capelli scompigliati e la tunica a pezzi. Ci vollero due settimane prima che Minervina riacquistasse il sorriso e che, nuda, con le spalle coperte solo dai lunghi capelli sciolti, si infilasse nel mio letto. Era molto tempo che non avevo un rapporto con una donna. Minervina non era Teodora, ma con lei sono stato bene, molto bene.
La prospettiva di avere un figlio, a 23 anni, da un lato mi spaventava. Dall'altro lato vedevo mio figlio come una continuazione di me, quello che avrebbe potuto raccogliere il frutto delle mie fatiche, soprattutto se Diocleziano mi prendeva sotto la sua protezione.
Intrapresi il viaggio verso l'Egitto via terra, accompagnato solo da Minervina, una schiava e due legionari. Entrati in Palestina, facemmo la prima sosta a Cesarea dove vidi per la prima volta quello che ora è il mio biografo.

Ti ricordi Eusebio?
Fu quella volta che Minervina si sentì male. Al palazzo del governatore della Palestina ci dissero che un medico molto bravo frequentava la biblioteca che allora stavi riordinando.
Naturalmente non sapevo che quella biblioteca era annessa a una scuola cristiana ma ebbi qualche dubbio quando vidi il medico segnarsi la fronte

prima di visitare Minervina. Fortunatamente la madre di mio figlio si riprese subito.
Non credo che la pozione che ci diede quel medico sia servita a qualcosa ma diedi comunque qualche moneta al medico e alla tua scuola. Non immaginavo che ci saremmo mai rivisti...

Arrivati in Egitto, scoprimmo che la rivolta che Galerio aveva detto di avere domata si era riaccesa più forte di prima. Un tal Aurelio Achilleo, ex *corrector Aegipti*, aveva spinto gli abitanti del Basso Egitto a ribellarsi contro i romani. Anche gli abitanti di Alessandria si erano ribellati. Quando arrivammo nel delta del Nilo, trovammo la città sotto assedio. A comandare le legioni romane contro i ribelli c'era Diocleziano in persona.
Non ci fu difficile trovare la residenza dell'imperatore, una villa nei pressi del Nilo. Diocleziano volle vedere prima Minervina. Si trattenne con lei a lungo e poi mi mandò a chiamare.
«Credo che Minervina sia veramente una mia parente. Un mio cugino si chiamava Minervio. Mi aveva chiesto una raccomandazione e, per togliermelo di mezzo, l'avevo mandato in Siria. Minervio è stato ucciso dai persiani a *Nisibis*. Lei è stata fatta schiava a dieci anni.»
Annuii.
«Minervina mi ha raccontato come finì nell'harem di re Narsete. Ha avuto una vita terribile. Che intenzioni avete nei suoi confronti?»
«Dipende da te. Minervina mi ha detto che è incinta di un figlio tuo. È vero?»
«Sì. Ma io non ho mai trattato Minervina come una schiava. Minervina si è unita a me per libera scelta e io le voglio bene.»
«Vuoi sposarla? Possiamo fare un regolare matrimonio *cum manu*, in cui io farò la parte del padre. Così nessuno metterà in dubbio la legittimità di tuo figlio.»
Fu così che sposai Minervina, con la benedizione di Diocleziano. L'avrei mai sposata se non me l'avesse data in sposa lo stesso imperatore? Probabilmente no, ma mi sarei preso cura comunque di nostro figlio.
Diocleziano fece requisire per me e Minervina una bella villa, completa di servitù. Io entrai nello stato maggiore dell'Augusto, dove fui trattato con il rispetto dovuto a un parente dell'imperatore.

Pochi mesi dopo i ribelli di Alessandria si arresero. Diocleziano ordinò che il loro capo, Aurelio Achilleo, fosse inviato a Nicomedia per essere dato in pasto ai leoni.
Un anno dopo fui obbligato ad andare a vederlo al Circo. Ad Achilleo era stato dato un gladio. Combatté anche lui come un leone ma poi... non fu un bello spettacolo.

***

Poco dopo la resa di Alessandria, Diocleziano ricevette un messaggio da Galerio. Re Narsete aveva chiesto la pace ma le trattative sarebbero state lunghe. Prima di partire per Antiochia, l'imperatore chiese la mia opinione su come Galerio aveva condotto la campagna contro i persiani.
«In un messaggio che mi ha mandato, Galerio ha iniziato con le parole del primo Cesare: *Veni, vidi, vici!* È andata veramente così?»
«Non esattamente. Galerio non è come il grande Giulio Cesare ma è un buon comandante, sa correggere i suoi errori e approfittare delle buone occasioni che gli si presentano.»
«Sono d'accordo con te. Ma cosa pensi dei suoi collaboratori? Nei suoi messaggi Galerio ha sempre lodato Flavio Severo. Pare che anche suo nipote Daia stia dando una buona prova di sé.»
Esitai prima di rispondere.
«Flavio Severo è un buon vicecomandante ma non gli affiderei il comando di un esercito. Daia... È solo un ragazzo! Come *protector* stava sempre accanto allo zio. Gli è molto affezionato.»
«Affezionato quanto? Ti avevo detto che volevo sentire da te anche i pettegolezzi.»
Dovevo dire a Diocleziano proprio tutto? Preferii dirgli solo quello che poteva sapere anche da altri.
«Non posso sapere quello che fa Galerio in privato! Ma so che quando si è rinchiuso nell'harem di re Narsete ha voluto con sé anche Daia e Severo. »
Diocleziano non fu per niente stupito.
«Mia figlia Valeria dice che Galerio non è un buon marito. A Nicomedia passava più tempo con Severo e Daia che con lei. Se non è un *cinaedus* poco ci manca.»

Diocleziano non fece altri commenti ma io non potei fare a meno di ricordare quello che Galerio e i suoi compari avevano fatto a mia moglie. Fortunatamente Minervina aveva avuto perdite di sangue due giorni dopo. Questo provava che il figlio che mia moglie portava in grembo era mio.

***

Diocleziano mi permise di restare ad Alessandria fino a che Minervina avesse partorito, ricoprendo provvisoriamente la carica di *corrector Aegipti* lasciata libera dal povero Achilleo.
Il mio primo figlio nacque circa un mese dopo la partenza di Diocleziano per la Siria. Volli dargli il nome imperiale di Flavio Giulio. Poi finimmo tutti per chiamarlo Crispo, per i bei riccioli bruni che ebbe fin da bambino. Quando me lo misero in braccio la prima volta provai una sensazione indescrivibile.
Anche nonna Elena adorava Crispo. Venne, con una nave, da Bisanzio, per conoscerlo ma poi non riusciva più a staccarsi dal piccolo.
Ricordo con piacere quel periodo passato in Egitto con la mia famiglia ma non durò a lungo. Poco dopo la nascita di Crispo arrivò il nuovo *corrector Aegipti* da Nicomedia e Diocleziano mi richiamò ad Antiochia. Io non sapevo quanto tempo sarei rimasto in Siria e non volevo sottoporre mia moglie e mio figlio a continui spostamenti. Finii per accettare l'offerta di nonna Elena di ospitare il nipote e Minervina a Bisanzio. Prima di partire tenni a lungo in braccio Crispo, coccolandolo. Come avrei mai potuto immaginare che poi...

No Eusebio! Non sto piangendo! Non so come il tuo Dio abbia potuto permettere quello che è successo dopo ma io avrei dovuto pensare più alla mia famiglia e meno al potere. Diocleziano mi aveva avvertito che facendo carriera tanti mi avrebbero odiato, ma non immaginavo quanto. Tornato ad Antiochia dovetti pensare solo a difendermi...

VI

Dalla Siria alla Mesia (A.D. 299-302)

Arrivai ad Antiochia poco dopo la conclusione del trattative tra romani e persiani. Il trattato di pace era stato firmato a *Nisibis*, diventata capoluogo della provincia romana di Mesopotamia.
Diocleziano era tornato ad Antiochia soddisfatto. Re Narsete era stato costretto a cedere buona parte dell'Assiria, portando le frontiere dell'impero romano molto oltre l'Eufrate.
Ancora più soddisfatto fu Galerio, l'artefice della vittoria sui persiani. Forte dell'appoggio delle sue legioni, da allora seppe sfruttare il prestigio guadagnato per fare pressioni su Diocleziano e condizionare tutte le sue decisioni più importanti. Fu lui il principale responsabile delle misure che furono poi prese contro i cristiani.

Per festeggiare la vittoria contro i persiani fu celebrata una cerimonia religiosa che culminò nel sacrificio di tre pecore agli dei.
Un aruspice esaminò le viscere della prima pecora per trarne gli auspici. Quando tirò fuori il fegato borbottò qualcosa che non capii e lo fece vedere a un suo collega. Il secondo aruspice esaminò il fegato e il resto delle viscere e scosse la testa. Gli aruspici passarono quindi ad esaminare le viscere della seconda pecora, poi quelle della terza. Dalle loro espressioni era chiaro che c'era qualcosa che non andava.
Diocleziano era molto superstizioso. Siccome gli aruspici continuavano a confabulare tra loro, si alzò in piedi e sbottò in una delle sue tipiche imprecazioni.
«Si può sapere che *mentula* state facendo? Qual è il verdetto degli dei?»
L'aruspice capo alzò le mani e parlò in tono solenne.
«Mai visto viscere così brutte! Dai fegati non è possibile trarre nessun buon auspicio. Gli dei sono adirati. Tra noi ci sono degli infedeli che si burlano degli dei... forse addirittura dei cristiani!»
Diocleziano fino a quel momento si era poco curato della religione dei suoi sudditi ma in quell'occasione diede peso alle parole dell'aruspice.

«Tra noi non ci possono essere cristiani. Voglio che tutti i presenti facciano un sacrificio purificatorio agli dei!»
Diocleziano fu il primo ad inchinarsi davanti all'altare bruciando una candela d'incenso. Subito dopo fecero lo stesso rito Galerio, Severo, Daia e gli altri membri della corte imperiale. Io non ebbi problemi a inchinarmi davanti a dei in cui non avevo mai creduto. Notai che Galerio seguiva attentamente le mie mosse, forse deluso.
Galerio si accorse che alcuni che erano presenti all'inizio della cerimonia si erano allontanati. Il Cesare ordinò che fossero rintracciati e portati all'altare. Tutti infine fecero il sacrificio ma alcuni bruciarono l'incenso con evidente riluttanza.
Il giorno dopo, d'accordo con Diocleziano, Galerio fece preparare un altare per i legionari, precisando che tutti quelli che si fossero rifiutati di onorare gli dei sarebbero stati espulsi dai ranghi. Nessuno si rifiutò ma più tardi si scoprì che molti avevano disertato. Disertarono anche i legionari che avevo portato con re Tiridate da Gregorio l'Illuminatore. Seppi poi che erano fuggiti in Armenia.
Il giorno dopo vidi il capo degli auspici uscire furtivamente dall'abitazione di Galerio. Giurerei che aveva con sé una borsa piena di monete d'oro.
Sono sicuro che l'esame delle viscere fu tutta una messa in scena. Non so perché Galerio avesse preso di mira i cristiani. Forse alla corte c'era qualche simpatizzante cristiano che gli dava fastidio. Forse il Cesare credeva che io stesso fossi cristiano.
Galerio c'era rimasto molto male quando aveva saputo che io avevo sposato la parente di Diocleziano che lui stesso mi aveva "regalato". Certo è che, da allora, fece di tutto per screditarmi agli occhi dell'imperatore.

No, Eusebio! Galerio non ce l'aveva solo con me. Il Cesare era stato sempre ostile ai cristiani, che anteponevano l'obbedienza a Dio e ai loro vescovi agli ordini dell'imperatore. Forse però il voltafaccia di Tiridate nei confronti dei cristiani lo aveva fatto temere che un giorno qualcuno avrebbe potuto usare i cristiani contro di lui. Magari io stesso!

***

Tornati a Nicomedia, Diocleziano e Galerio discussero a lungo sulle nuove misure da prendere contro i cristiani. Galerio voleva emettere subito un nuovo editto ma dovette rimandare ogni decisione quando fu richiamato a combattere sul *limes* danubiano.
I Sarmati avevano occupato le fortificazioni romane al di là del Danubio. A loro si era uniti i Carpi che avevano attaccato la Mesia minacciando anche *Naissus*, la città in cui sono nato. Il tribuno Licinio chiedeva il richiamo delle legioni danubiane che era stato costretto a inviare in Siria.
Diocleziano rimandò anche me al fronte danubiano. Prima di partire per la Mesia, espressi all'imperatore i miei timori per l'atteggiamento di Galerio nei miei confronti. L'imperatore cercò di tranquillizzarmi nominandomi tribuno, subalterno solo all'amico Licinio. Mi concesse anche una licenza a Bisanzio, per stare un po' di tempo con mia madre, mia moglie e mio figlio.

Crispo aveva quasi un anno e già cominciava a camminare. Accolse il suo *tata* con un delizioso sorriso. Mi era tanto mancato! Abbracciai anche mia madre e Minervina. Mia moglie stava bene anche se era un po' ingrassata. Mamma era sempre in forma.
Mia madre mi raccontò le ultime novità. Il nonno era morto e le aveva lasciato la *taberna* e un patrimonio notevole. Mio padre aveva riconquistato la Britannia e stava combattendo gli Alemanni sul *limes* del Reno. Aveva avuto altri due figli: Giulio Costanzo e Anastasia. Dovevano avere circa l'età di mio figlio!
Mamma ascoltò attentamente le mie ultime vicende. Storse la bocca quando le raccontai i miei sospetti su Galerio.
«Questo *cinaedus* vuole tutto il potere per sé. Quando Galerio sarà Augusto, vorrà come Cesari solo i suoi amichetti. Tuo padre deve nominarti Cesare appena sarà Augusto.»
«Mamma! Massimiano è ancora giovane! Vorrà come Cesare suo figlio Massenzio!»
«Nella tetrarchia che ha voluto Diocleziano ci sono due Augusti e due Cesari. Con Massenzio potresti trovare un accordo ma con Galerio no. Cerca di avere l'appoggio di Diocleziano almeno. Dopo tutto Minervina è sua parente!»
Purtroppo su Diocleziano per il momento non potevo contare. Era

ripartito per l'Oriente: prima ad Antiochia e poi di nuovo in Egitto. Finché fossi rimasto in Mesia, sarei stato agli ordini di Galerio, che aveva scelto come sede Tessalonica.

***

Rimasi sul *limes* Danubiano per più di tre anni, spostandomi continuamente, con Licinio, da *Aquincum* a *Sirmio* e *Naissus*, combattendo i barbari e facendo ricostruire la linea di fortificazioni romana. Nelle pause tra un combattimento e l'altro, a *Sirmio*, avevo ben poco da fare. Sfogavo i miei ardori giovanili in uno dei tanti *lupanares* della città.
Un giorno vidi un gruppo dei miei legionari entrare con fare circospetto in una *domus*. Pensando che fosse un nuovo *postribulum,* bussai alla porta. Mi aprì una donna anziana che mi invitò a entrare.
Mi accorsi subito che l'ambiente non era quello che mi aspettavo. Le donne erano tutte vestite decorosamente. Gli uomini indossavano semplici tuniche e ascoltavano attenti un uomo anziano che li invitava alla preghiera.
Vedendomi entrare, un legionario che conoscevo, un tal Demetrio, mi venne incontro.
«*Ave tribune!* Benvenuto nella nostra chiesa!»
Io ero imbarazzato. Mi trovavo in mezzo ai cristiani che Diocleziano e Galerio tanto aborrivano. Mi meravigliai che non cercassero nemmeno di nascondersi.
«*Ave* Demetrio. Ti avverto subito che non sono cristiano. Sono venuto qui per caso!»
«Nella casa di Dio tutti sono benvenuti! Permetti che ti presenti il nostro vescovo Ireneo?»
Ireneo era l'uomo che stava parlando quando sono entrato. Mi salutò con una stretta di mano.
«Siamo onorati di avere tra noi un tribuno di Roma. Sei venuto ad ascoltare la parola di Dio?»
«Come tribuno di una legione romana non posso frequentare una chiesa cristiana. Io non vi denuncerò ma voi dovete stare più attenti. Il Cesare Galerio odia i cristiani.»
Ireneo non si scompose.

«Le chiese cristiane non sono proibite. Paghiamo anche le tasse e i pubblicani trovano ogni scusa per darci qualche balzello in più. Ci potete almeno fare l'onore di cenare con noi? Aspasia ha appena finito di cuocere l'agnello. »

Sentii un odore delizioso venire dalla cucina. Da troppo tempo ero costretto a mangiare il rancio dei legionari o la robaccia che servono nelle *tabernae* di *Sirmio*. Potevo rischiare di compromettermi con dei cristiani?

A farmi rompere gli indugi fu l'arrivo di Aspasia, la cuoca. Era una bella ragazza prosperosa con un seno abbondante e labbra sensuali.

«Che onore averti tra noi tribuno! Devi assolutamente assaggiare il mio agnello. Ti leccherai le dita!»

Non so se mi piacque più l'agnello o la cuoca. Finii per assaggiare l'uno e l'altra.

Dopo cena accompagnai Aspasia a casa. Mi trattenni lì tutta la notte e anche molte notti successive.

Aspasia era vedova di un legionario caduto nell'ultima guerra contro i goti. Il marito era cristiano ma lei era solo una catecumena. Non aveva fretta di battezzarsi.

«Secondo i cristiani si dovrebbe *futuere* solo con il marito. Il battesimo cancella tutti i peccati. Voglio peccare ancora un po' prima!»

Aspasia divenne per me una piacevole abitudine nel periodo che passai a *Sirmio*. Naturalmente facevo ogni tanto qualche "offerta" a lei e alla sua chiesa, ma sempre meno di quanto avrei pagato nelle *tabernae* e nei *lupanares*.

Aspasia sapeva che io ero sposato. Ogni tanto andavo in licenza a Bisanzio. Vedevo crescere il mio primo figlio e adempivo ai miei doveri coniugali, nella speranza di un secondo erede.

Prima il dovere e poi il piacere. Ogni volta che tornavo a *Sirmio* trovavo una cena da leccarsi le dita, e non solo...

Quando uscivo dalla casa di Aspasia, o dalla chiesa, mi voltavo sempre intorno più volte, per assicurarmi che nessuno mi vedesse. In servizio evitai quanto possibile contatti con Demetrio e gli altri legionari cristiani. Sono stato sempre prudente, ma forse non abbastanza...

Galerio si faceva vedere al fronte solo ogni tanto, lasciando le rogne della guerra principalmente a Licinio e a me. Noi vincemmo i barbari e lui si fece assegnare il titolo di *Sarmaticus Maximus*.

Quando le fortezze sul Danubio furono completate, il Cesare venne a inaugurarle, accompagnato da Severo e Daia. Galerio ebbe pure il coraggio di fare preparare una lapide in cui si vantava di avere restaurato la *tranquillitas* nella regione.

In quell'occasione il Cesare mi prese da parte e mi disse che Diocleziano mi aspettava a Nicomedia. Mi congedai da Licinio e partii immediatamente. Ero deciso a farmi valere con l'imperatore ma ero tutt'altro che tranquillo.

VII

Da Nicomedia a Roma (A.D. 303, 304)

Diocleziano mi sembrò invecchiato quando lo incontrai a Nicomedia. Allora aveva quasi 60 anni. Le rughe sul suo viso si erano infittite ma il suo sguardo tagliente era rimasto lo stesso. Mi fulminò con una domanda.
«Galerio dice che sei cristiano. È vero?»
Non mi aspettavo da Galerio un attacco così diretto ma reagii con indignazione.
«Assolutamente no! Posso dimostrartelo sacrificando a tutti gli dei, se me lo chiedi.»
«Ti sarà chiesto di farlo. Ma non tutti i cristiani sono pronti ad accettare il martirio per un atto formale. So che alcuni ipocriti hanno accettato di sacrificare agli dei ma poi sono tornati pentiti alle loro chiese. I cristiani li chiamano *lapsi*. Tu sei uno di quelli?»
«No. Se fossi cristiano te lo direi in faccia. Dovresti conoscermi abbastanza per saperlo.»
«Lo so. Ma Galerio è convinto che tu abbia almeno simpatie per i cristiani. Nella tua legione c'erano soldati cristiani. Sei stato visto entrare in una *domus* di cristiani. Hai anche portato legionari cristiani in Armenia, poco prima che Tiridate si convertisse al cristianesimo.»
«Tiridate ha scelto solo di servirsi dei cristiani contro i persiani. Io l'ho aiutato. I cristiani armeni hanno fatto comodo anche a Galerio.»
«Vero. Ma questo è giocare col fuoco. Galerio mi ha riferito che i cristiani stanno creando uno stato nello stato. I loro vescovi dirigono le comunità cristiane. Dobbiamo intervenire, prima che il cristianesimo contamini anche i ranghi dell'esercito.»
Non riuscii a trattenere un commento.
«Galerio è un intrigante. Sei tu l'*Augustus Maximus*! Pensi anche tu che i cristiani siano un pericolo per l'impero?»
«Abbiamo anche consultato l'oracolo di Didima. Ha risposto che "a causa degli empi sulla Terra, Apollo non potrà fornire il proprio aiuto".»

«E gli empi sarebbero i cristiani? Non potrebbero essere invece Galerio e i suoi amici?»
Diocleziano tagliò corto.
«*Cave!* Costantino! Ho tollerato fin troppo le tue impertinenze. Galerio è il tuo Cesare e devi rispettarlo. Se vuoi continuare a stare alla mia corte devi evitare ogni contatto con i cristiani. Dì anche a tua madre di stare attenta a chi frequenta la sua *taberna*. Tuo padre è già stato avvertito.»

Pochi giorni dopo uscì il primo editto contro i cristiani. Si proibivano le riunioni di cristiani in luoghi pubblici. Si decretava il rogo dei libri sacri e la confisca dei beni delle chiese. A tutti i cristiani liberi era proibito l'accesso a cariche governative. Agli schiavi era negata ogni possibilità di ottenere la libertà.
Alcuni funzionari statali importanti furono arrestati. Poi iniziarono le condanne a morte, in tutte le province orientali.

Scusa, Eusebio, ma il medico che curò Minervina quando passammo per Cesarea non si chiamava Romano? Diceva di essere un vostro diacono e non volle sacrificare agli dei, nemmeno sotto tortura. Come medico non era un gran che ma almeno seppe morire con dignità.

Non so se furono i cristiani di Nicomedia ad appiccare il fuoco al palazzo imperiale, poco dopo l'emanazione dell'editto. Potrebbero anche essere stati gli scagnozzi di Galerio, per giustificare le successive esecuzioni di cristiani. Dicono che anche Nerone fece qualcosa di simile.
I primi ad essere incolpati furono Doroteo e Gregorio, due eunuchi di corte. Furono torturati a lungo, ammisero di essere cristiani ma si rifiutarono di abiurare. Morirono come martiri dimostrando che, in un certo senso, le palle le avevano.
Poi fu incolpato un liberto di nome Pietro: era un *cubicularius*, addetto alla camera da letto di Galerio. Fu spogliato, flagellato e bollito vivo.
I cristiani di alto rango furono un po' più fortunati. Antimo, il vescovo di Nicomedia, fu pubblicamente decapitato.
Poco dopo al palazzo imperiale scoppiò un altro incendio, più grande del primo...

A questo punto Diocleziano decise di lasciare Nicomedia. Colse l'occasione dei festeggiamenti che il Senato aveva fatto allestire a Roma, per i *vicennalia,* il ventennale del suo *imperium*. Partì con Galerio e tutta la sua corte, me compreso.

***

Ero contento di avere l'occasione di visitare finalmente l'Urbe. La città che aveva creato l'impero restava la sua capitale morale, anche se ormai Augusti e Cesari risiedevano altrove.
A Roma avrei avuto anche l'occasione di rivedere, dopo più di dieci anni, anni mio padre. Il Cesare Costanzo Cloro era stato invitato alle celebrazioni. Ormai provavo per lui ben poco affetto ma era pur sempre mio padre. Sapevo che solo con il suo aiuto avrei potuto prendere, un giorno, il suo posto.
Passando per Bisanzio, ebbi la bella notizia che Minervina finalmente era rimasta incinta. Avrei voluto portarla con me a Roma ma non era il caso di mettere a rischio la gravidanza in un lungo viaggio. Mia madre, naturalmente, rimase ad assistere lei e il piccolo Crispo.
Il corteo dell'imperatore percorse tutta la Via Egnazia, fino a *Dyrrachium* dove ci imbarcammo per Brindisi. Da lì percorremmo tutta la Via Appia, la *Regina Viarum*, fino a Roma. In ogni città in cui ci fermavamo c'erano festeggiamenti ma a Roma... non avevo mai visto niente di simile.

Tu, Eusebio, sei mai stato a Roma? Mi pare di no. Tu sei un provinciale come me. Non ero venuto a Roma per fare il turista ma la grandiosità dei suoi monumenti mi lasciò senza fiato. Quello però che più mi colpì di Roma fu la plebe...

C'era tanta gente accalcata ai bordi della strada quando il nostro corteo passò la porta Appia. La folla si infittì quando passammo davanti alle Terme di Caracalla e divenne una marea quando arrivammo davanti all'Anfiteatro Flavio, molto più maestoso del circo di Nicomedia dove avevo visto sbranare il povero Achilleo.
La plebe aveva sempre avuto *panem et circenses* ma sentiva la mancanza di un imperatore, da onorare ma anche, nel caso, da beffeggiare,

come aveva fatto con altri imperatori, al tempo dei Claudi e dei Severi. Ora i plebei acclamavano Diocleziano, chiamandolo per nome: *Gloria tibi Diocletiano!*
L'imperatore si sentiva a disagio. Anch'io, quando presi il suo posto, provai la stessa sensazione.
Infine salimmo sul Palatino. Nel *Palatium* ci accolse Massimiano, l'Augusto di Occidente. Al suo fianco c'era mio padre, il Cesare Costanzo Cloro.
Dopo i cerimoniosi saluti, i due Augusti vollero pranzare in privato, con accanto solo i loro Cesari: Per il resto degli accompagnatori fu lasciato un pranzo freddo su una enorme tavola, con tanti triclini intorno, nel salone per i ricevimenti. Severo e Daia si accaparrarono subito i posti migliori.
Io non avevo fame. Mi allontanai dal gruppo e mi affacciai a una terrazza con una bellissima vista sui Fori. Rapito dal panorama, mi accorsi della persona che era venuta a cercarmi solo quando fu proprio dietro di me.
«Ti piace Roma, *tracala*?»
Per la prima volta sentirmi chiamare *tracala* mi fece piacere. Massenzio aveva trasformato un insulto in un nomignolo affettuoso. Ero contento di trovare un amico in una città bellissima ma per me ostile.
«Massenzio! *Tu quoque in Roma?*»
«Sono il comandante dei pretoriani! Mio padre sta quasi sempre a *Mediolanum* ed io lo rappresento nell'Urbe. Raccontami di te!»
«Avrei tante cose da raccontarti. Ma forse questo non è il posto più adatto.»
«Allora vieni a casa mia! Io abito in una villa sulla via Appia.»
«Ti ringrazio, ma devo incontrare ancora mio padre.»
«Gli lasciamo un messaggio. Tanto credo che l'incontro tra Augusti e Cesari andrà per le lunghe!»

Arrivati alla villa, Massimilla, la moglie di Massenzio, mi salutò calorosamente. Il mio amico mi presentò anche Romolo, il loro unico figlio. Era un bel bambino. Aveva un anno più di Crispo. Non potei trattenere un commento.
«Sarebbe bello se i nostri figli potessero giocare insieme!»

«Piacerebbe anche a me. Ma parliamo di noi adesso.»
Raccontai a Massenzio i problemi che avevo con Galerio, suo suocero. Nemmeno il mio amico aveva una gran opinione di lui.
«Galerio si comporta con mio padre come se l'*Augustus Maximus* fosse lui. Dice che Diocleziano presto si ritirerà. Secondo te, l'imperatore sta male?»
«L'ho visto un po' affaticato nel viaggio ma non mi ha mai parlato di ritirarsi.»
«Con Galerio, Diocleziano ne ha discusso. Vorrebbe che mio padre si ritirasse insieme a lui.»
Scossi la testa.
«Tuo padre non è d'accordo, vero?»
«No. Ma potrebbe accettare se potesse nominare me come Cesare ...»
Guardai perplesso Massenzio che sorrideva soddisfatto.
«Tanti auguri! Ma i Cesari devono essere due. Chi sarebbe l'altro?»
«Tu naturalmente! Quando diventerà Augusto, tuo padre deve per forza nominare te!»
Mi sembrava troppo facile.
«Sarebbe bello dividerci l'impero da buoni amici. Ma stiamo facendo i conti senza Galerio.»
«Se noi e i nostri padri ci alleassimo, forse potremmo vincerlo. Pensaci!»

Adesso mi rendo conto di quanto i nostri discorsi erano imprudenti, anche se parlammo in un luogo sicuro, dopo molte coppe di vino.
Tornato al *Palatium*, trovai ad attendermi mio padre. Era insieme a un legionario grande e grosso, sui 45 anni, con i capelli biondi e gli occhi azzurri. Senza perdere tempo il genitore me lo presentò.
«Il qui presente Croco era il mio attendente in Britannia. Da oggi è assegnato alla tua protezione. Croco! Aspettaci fuori e avvisami se viene qualcuno!»
Senza darmi il tempo di parlare mio padre mi trascinò in una stanza e chiuse la porta. «Come ti è venuto in mente di lasciare il *Palatium*? Diocleziano ha chiesto di te!»
«Ero andato a casa di Massenzio. Ti avevamo lasciato un messaggio.»
«Uno schiavo me lo ha riferito. Lo ha sentito anche Galerio! Che state complottando voi due?»

«Niente! Siamo solo vecchi amici che si ritrovano insieme.»
«Non mi prendere per il *culum*! Massenzio ti ha proposto di diventare Cesare insieme a lui, vero?»
«E anche se fosse? Massenzio mi ha detto che tu e Massimiano sareste d'accordo.»
«Forse. Ma Galerio non è d'accordo. Temo che Diocleziano alla fine darà retta a lui.»
Ero ancora stordito dal vino, ma mi resi conto che mio padre aveva ragione.
«Perché vuoi che Croco stia con me? Se lo porto a Nicomedia attirerò sospetti.»
«Non devi portarlo a Nicomedia. Devi lasciarlo a Bisanzio da tua madre. Quando Galerio sarà Augusto dovrai lasciare immediatamente Nicomedia. Galerio potrebbe volere tenerti in ostaggio. Devi venire a Treviri, con tua moglie e tuo figlio. Croco vi guiderà.»
«Grazie, *tata*! »
Mio padre, ripartì per Treviri il giorno dopo. Salutandolo lo abbracciai. Forse il genitore mi voleva ancora bene, malgrado tutto!

VIII

Da Roma a Bisanzio (A.D. 304, 305)

Nei giorni successivi dovetti partecipare a tante noiose cerimonie pubbliche.
Diocleziano non poté esimersi di fare almeno una visita alla Curia: i senatori lo accolsero solennemente, come se fossero ancora i padroni di Roma. Alla cerimonia era presente anche Massenzio ma il mio amico evitò di incontrarmi. Probabilmente suo padre Massimiano gli aveva fatto un discorso simile a quello che mio padre aveva fatto a me.
Il giorno successivo, Galerio ebbe il suo momento di gloria celebrando con un solenne trionfo la vittoria sui persiani. In testa a un enorme corteo, Galerio sfilò sulla Via Sacra fino al tempio di Giove Capitolino. Nel suo discorso, non perse l'occasione di ricordare il rispetto che si doveva agli antichi dei e al *mos maiorum*, ora minacciato da dei stranieri.
Infine Diocleziano dovette presenziare all'inaugurazione di nuove opere pubbliche, incluse le terme che presero il suo nome.
Stanco e annoiato, Diocleziano trovò una scusa per andare in Italia settentrionale, dove si congedò da Massimiamo. Da Ravenna poi si imbarcò per Salona, per controllare la costruzione del grandioso palazzo in cui intendeva passare i suoi ultimi anni di vita.

Io continuai a far parte del suo seguito, con il mio nuovo compagno Croco. Nel lungo viaggio ebbi modo di conoscere bene quello che fu l'attendente di mio padre e poi il mio uomo più fidato.
Croco era figlio di un re degli alemanni alleato di Roma. Quando il re fu ucciso dai suoi stessi sudditi, suo figlio era ancora un ragazzo e riuscì a stento a fuggire oltre il Reno. Il Cesare Costanzo Cloro lo volle con sé, prima contro gli alemanni che avevano ucciso il loro re, poi contro i ribelli britanni.
Croco ebbe il permesso di dormire nel mio alloggio. Ho il forte dubbio che, senza di lui, non sarei arrivato a Bisanzio vivo.

***

Da Salona, Diocleziano volle andare a Sirmio per controllare di persona, con Galerio e Licinio, la presunta *tranquillitas* del *limes* danubiano. Fu allora che l'imperatore diede i primi segni della sua malattia. Nel giro che volle fare, per ispezionare le fortificazioni oltre il fiume, ebbe una brutta caduta. Al ritorno dovette essere portato in lettiga. I medici gli consigliarono assoluto riposo.
Diocleziano e Galerio ebbero un lungo colloquio a porte chiuse. Subito dopo Galerio partì con i suoi fedelissimi per Nicomedia. Io e Croco rimanemmo con il seguito dell'*Augustus Maximus* a Sirmio.

Rimanemmo a lungo in Mesia, aspettando che l'imperatore si riprendesse. Girando per Sirmio, scoprii che in città erano cambiate tante cose. Dopo l'ultimo editto di Galerio si era scatenata la caccia al cristiano. La chiesa del vescovo Ireneo era stata messa a fuoco. I cristiani erano stati costretti a scegliere tra fuga, abiura e martirio.
Aspasia mi raccontò tutto a casa sua, davanti a una coscia di agnello e una coppa di vino.
«Hanno fatto irruzione in chiesa mentre ero in cucina. Il vescovo Ireneo è stato torturato ma ha rifiutato di sacrificare agli dei. Alla fine lo hanno decapitato e buttato in un fiume.»
«Mi spiace molto. Era una brava persona. E Demetrio?»
«Demetrio è stato portato a Tessalonica per essere giudicato da un tribunale militare. Anche lui ha affrontato il martirio.»
«E tu? Come hai fatto a salvarti?»
«Ho dichiarato che non ero cristiana. Per dimostrarlo ho dovuto bruciare un bastoncino di incenso davanti a una statua. Ho avuto paura! Ma ora mi sento uno *stercus*!»
Aspasia era diventata una dei *lapsi*. I cristiani superstiti la evitavano.
«Ci sono ancora cristiani a *Sirmio*?»
«Sì. Hanno nominato un nuovo vescovo. C'è anche una nuova chiesa ma nessuno ha voluto dirmi dov'è. Non faccio più parte della loro comunità. Non si fidano più di me!»
Cercai di consolare Aspasia nel solito modo, ma ormai non era più come prima. Dopo un frettoloso amplesso lei si mise a pregare Dio di perdonarla. Io mi congedai lasciandole un po' di monete. Non tornai più a trovarla.

Che cosa pensi dei lapsi Eusebio? Ritieni che meritino una seconda possibilità? Spero tanto che Aspasia l'abbia avuta!

In attesa che Diocleziano ci desse l'ordine di ripartire, avevo ben poco da fare a Sirmio, salvo ispezionare il *limes* la mattina e bighellonare con Croco da una *taberna* a l'altra la sera.
Croco era intelligente e fidato ma non era di buona compagnia. Preferiva la birra al vino e parlava pochissimo di sé. Mi raccontò solo che a Treviri aveva una moglie, di nome Rosmunda, e un figlio di nome Ulderico. Alla moglie fu sempre fedele. Quando andavo in un *postribulum* Croco rimaneva sempre fori della porta, pronto a scattare al minimo cenno di pericolo.
Croco venne con me anche il giorno che Licinio mi invitò a cena nella sua villa, poco fuori Sirmio.
Il padrone di casa lo fece sedere in un tavolo con altri legionari. Per me e Licinio era stato allestito un altro tavolo, lontano da orecchie indiscrete.
Dopo molte coppe di vino Licinio mi svelò il vero motivo dell'invito. Il mio vecchio compagno d'armi pensava di meritare la nomina a Cesare e cercava il mio appoggio.
«Tu sai che *culum* mi sono fatto sul *limes* danubiano. Non pensi che Galerio dovrebbe nominarmi Cesare di Oriente?»
«Quello che penso io non conta niente. Chi decide è Galerio. Io non sono certo la persona più adatta a raccomandarti.»
«Tu no ma tuo padre sì. Il Cesare d'occidente controlla le legioni sul Reno come io quelle sul Danubio. Se ci mettessimo d'accordo, tu potresti essere il Cesare d'occidente e io il Cesare d'oriente.»
«Licinio, faccio finta di non aver sentito. Beviamo un'altra coppa insieme e brindiamo alla salute di Diocleziano!»
Licinio capì la mia prudenza e brindò con me, lasciando cadere il discorso.
Più tardi ripensai alla proposta che mi aveva fatto Massenzio. Per il momento non ero in grado di fare alleanze con nessuno ma prima o poi avrei dovuto scegliere tra Massenzio e Licinio. In caso di guerra civile chi avrei voluto al mio fianco? Il mio amico d'infanzia o il mio compagno di tante battaglie?

***

Finalmente Diocleziano si riprese abbastanza da potere riprendere il viaggio per Nicomedia. Sulla via del ritorno, chiesi e ottenni il permesso di fermarmi qualche giorno a Bisanzio.
Alla *taberna*, trovai mia madre in lacrime. Il mio secondo figlio era morto, poco dopo sua madre.
So che avrei dovuto piangere ma non lo feci. Le mie ultime vicende mi avevano reso più duro e anche più egoista. Da molto tempo Minervina per me era solo la madre di Crispo. Il mio secondo figlio non avevo nemmeno avuto il tempo di conoscerlo.
Consolai come potei mio figlio e mia madre. Poi presentai Croco, raccontando tutto quello che mi aveva detto mio padre. Mamma prese subito il controllo della situazione.
«Metterò subito in vendita *taberna* e *stabula*. Abbiamo bisogno di più soldi possibili per il viaggio.»
Annuii. Ho sempre ammirato il senso pratico di mamma.
«Durante il viaggio avremo anche bisogno di una scorta. Croco dovrà trovarci dei compagni fidati.»
Ripartii per Nicomedia con l'intenzione di rimanerci meno tempo possibile. Prima però dovevo avere un ultimo colloquio con Diocleziano.

IX

Da Nicomedia a Eboracum (A.D. 305)

A Nicomedia trovai una corte sempre più inquieta. Diocleziano stava quasi sempre rinchiuso nel suo palazzo. Un giorno, in città, alcuni sparsero addirittura la voce che l'Augusto era morto. L'imperatore fu costretto a smentirli uscendo per una cerimonia pubblica. Tutti però notarono che aveva un volto emaciato e camminava a fatica.
Un giorno presi coraggio e colsi una occasione per parlare da solo con Diocleziano. Gli chiesi se era vero che intendeva ritirarsi. L'imperatore mi diede la notizia in anteprima.
«Sì. Non so quanto potrò ancora vivere ma devo passare il comando a chi è più forte di me. Stiamo organizzando una assemblea, con rappresentanti di tutte le legioni, in cui rinuncerò al titolo di Augusto. Galerio sarà il nuovo Augusto di Oriente, *l'Augustus Maximus*.»
Annuii rispettosamente.
«Ti auguro una lunga vita serena nel tuo palazzo di Salona. A occidente l'Augusto resterà Massimiano?»
«No. Anche Massimiano non è più nel pieno delle forze. Io e Galerio lo abbiamo convinto a ritirarsi lo stesso giorno in cui lo farò io. Sarà sostituito dal suo Cesare, Costanzo Cloro, tuo padre.»
Esitai prima di fargli la domanda più importante.
«Quindi, nell'impero, i due nuovi Augusti saranno Galerio e Costanzo Cloro. Chi saranno i nuovi Cesari?»
Diocleziano mi guardò fisso negli occhi.
«Non so che cosa ti eri messo in testa, ma tu non sarai Cesare. Nemmeno Massenzio lo sarà. Un imperatore deve essere scelto per i suoi meriti e non per il suo sangue.»
«Credevo di averti dimostrato di avere dei meriti. Chi avrebbe più meriti di me?»
«Tanto vale che tu lo sappia subito. I nuovi Cesari saranno Flavio Severo in Occidente e Massimino Daia in Oriente.»
Rimasi di stucco.
«L'unico merito che questi due hanno è di essere legati a Galerio. Un imperatore non dovrebbe essere scelto per la sua *mentula* o per il suo *culum*.»

Diocleziano rimase esterrefatto per il mio ardire. Se non mi fece arrestare subito fu solo perché sapeva che avevo ragione. Ormai le redini del comando le aveva Galerio. Diocleziano non aveva né la forza né la volontà di contrastarlo.
«Farò finta di non avere sentito. A te conviene fare finta di non sapere niente prima che annunci pubblicamente il mio ritiro.»

Pochi giorni dopo, in una collina presso Nicomedia, Diocleziano annunciò ai rappresentanti di tutte le legioni il suo ritiro, dando a Galerio il titolo di Augusto e a Daia quello di Cesare.
Nello stesso giorno a Mediolanum, costretto da Diocleziano e Galerio, Massimiano cedette a mio padre, Costanzo Cloro, il titolo di Augusto. Il titolo di Cesare fu assegnato a Flavio Severo.
Nella cerimonia di Nicomedia, Galerio fu indicato come *Augustus Maximus*, capo della tetrarchia.
Tra i capi delle legioni che vennero a rendere omaggio al nuovo Augusto io non c'ero. Quando Galerio se ne rese conto, ero già fuggito a Bisanzio.

Hai preso nota Eusebio? Fu così che iniziai il percorso che mi portò dove sono arrivato. Forse ti avranno raccontato versioni diverse della mia storia. Forse ti eri anche fatto un ritratto diverso di Diocleziano. Io non ho condiviso la maggior parte delle sue scelte politiche ma, quando salii al potere, potei correggerle solo in parte.
Quanto agli editti contro i cristiani... Furono voluti da Galerio ed applicati soprattutto nelle province da lui amministrate.

***

A Bisanzio, da giorni tutto era pronto per la nostra partenza. Croco aveva reclutato due ex legionari. Si chiamavano Spartaco e Vologeso, ed erano entrambi della Tracia. Dopo essersi congedati, non erano stati capaci di reinserirsi nella vita civile.
Mia madre aveva messo insieme tutti i sesterzi che aveva potuto, in monete d'oro e d'argento. Con lei venne solo una schiava, per accudire mio figlio. Crispo allora aveva quasi otto anni. Ogni giorno che passava si attaccava di più alla nonna. Con me aveva un rapporto

quasi reverenziale, come un tempo io con mio padre.
Il nostro gruppo percorse a tappe forzate la Via Egnazia, fino a *Dyrrachium*. Da qui, per la Gallia, avrei potuto prendere due strade. La strada illirica, lungo il mare Adriatico, era più breve ma la regione era presidiata dalle legioni di Galerio. Passando il mare mi sarei invece trovato in Italia, provincia soggetta all'Augusto mio padre ma anche al nuovo Cesare Flavio Severo, che si era insediato a *Mediolanum*.
Decisi infine di imbarcarmi per Brindisi e proseguire per Roma. Percorremmo tutta la Via Appia senza problemi, cambiando i cavalli in alcune stazioni. Per ogni evenienza, ad ogni *taberna* mettevamo una sentinella a guardia delle nostre stanze, per dissuadere i briganti e i tavernieri ingordi, interessati al nostro oro.
A Roma avrei trovato Massenzio. Il mio vecchio amico era rimasto deluso quanto me per non essere stato nominato Cesare. Un anno prima mi aveva proposto un'alleanza. Era ancora valida la sua offerta?

La villa di Massenzio si trovava appena al di fuori delle mura che l'imperatore Aureliano aveva fatto costruire per Roma non molti anni prima. Mura che non erano mai servite... non ancora almeno!
Arrivati alla *domus*, scoprimmo che Massenzio non era in casa. Ci ricevette sua moglie Massimilla con il figlio Romolo.
«Costantino! Che sorpresa! Come mai a Roma?»
«Sono di passaggio con mio figlio e mia madre. Massenzio è al *Palatium*?»
«No, è alla caserma dei pretoriani. Dovrebbe tornare tra poco.»
Massimilla ordinò agli schiavi di preparare le camere per gli ospiti: una per me, una per mamma e Crispo e una per Croco, Spartaco e Vologeso. Intanto, mamma e Massimilla fecero conoscenza mentre Crispo e Romolo andarono a giocare insieme in giardino.
Quando Massenzio tornò a casa, le donne e i bambini avevano già familiarizzato. Romolo e Crispo chiesero se potevano dormire nella stessa camera. Noi padri fummo ben contenti che la nostra amicizia si fosse estesa alla generazione successiva.
Dopo cena, mentre le donne portavano i bambini a letto, Massenzio e io facemmo discorsi da uomini.

Massenzio mi raccontò com'era andata la cerimonia di *Mediolanum*.
«Mio padre ha cercato in tutti i modi di restare Augusto ma Diocleziano e Galerio lo hanno obbligato a cedere il titolo a tuo padre. Il nuovo Cesare, quel Flavio Severo... mi è sembrato un tipo scialbo. Sai perché hanno scelto lui?»
«E' amico intimo di Galerio. Molto intimo...»
Raccontai a Massenzio l'orgia nell'harem del re persiano, tacendo solo il ruolo della povera Minervina. Il mio amico scoppiò a ridere.
«L'aveva capito anche mio padre. Diceva che Severo portava il manto imperiale come un *cinaedus*!»
«Massimiano è a Roma?»
«No, mio padre si è ritirato nella sua villa di Baia.»
«Tua madre è con lui? A mia madre avrebbe fatto piacere salutarla.»
«Sì, mamma vuole state accanto a mio padre, che non si è ancora rassegnato. Questa storia della tetrarchia è un *insanus stercus!* Tanto varrebbe che io e te ci dividessimo l'impero. Tu Gallia, Hispania e Britannia. Io Italia, Africa e Norico. A Galerio e Daia possiamo lasciare l'Oriente.»
Non mi aspettavo una proposta così precisa.
«Galerio non accetterebbe. Lui è l'*Augustus Maximus* e controlla tutte le legioni della Siria e dell'Illirico.»
«Sì, ma io sono capo dei pretoriani e mio padre avrebbe l'appoggio delle legioni del Norico. Se tuo padre intervenisse con le legioni della Gallia, l'Occidente sarebbe nostro.»
«Non credo che mio padre vorrebbe una guerra civile.»
«Io sì, se è necessario. Dillo a tuo padre!»
Massenzio mi sconsigliò di passare per l'Italia settentrionale, formalmente soggetta a Severo. Fece allestire per noi una nave, che da Ostia ci avrebbe portato a *Massalia*.

Quando ci salutammo, Massenzio tirò fuori un argomento scottante.
«A Treviri incontrerai anche la mia sorellastra Teodora. A tua madre non farà piacere vedere la donna che le ha portato via il marito.»
«Mia madre è una donna forte. La tratterà con distaccata cortesia.»
«E tu? Tu l'amavi, vero?»
«L'ho amata molto di più della madre di Crispo. Ma ormai lei è la mia matrigna, la madre dei miei fratellastri. Il passato è passato.»

«Avrei voluto farti conoscere mia sorella Fausta. Ora a 14 anni. Sarebbe già in età da marito. Peccato che è a Baia con i miei!»
«Io ho 31 anni, sono già padre e sto scappando dalle ire dell'*Augustus Maximus*. Tua sorella può sperare in un partito migliore!»

***

A *Massalia* potei qualificarmi pubblicamente come figlio dell'Augusto Costanzo Cloro. Risalimmo il Rodano fino a *Lugdunum,* poi proseguimmo verso nord fino alla nostra meta, seguendo a ritroso la strada che avevo fatto dodici anni prima.
Arrivati a Treviri, al palazzo imperiale avemmo una brutta sorpresa. L'Augusto Costanzo Cloro era partito per la Britannia con la famiglia e tre legioni. Aveva posto il suo quartiere generale a *Eboracum*.
Dopo un lungo colloquio con mia madre, feci allestire, per lei e per Crispo, un appartamento all'interno del palazzo imperiale. Spartaco e Vologeso furono incorporati nella legione di stanza a Treviri, col preciso incarico di prendersi cura di mia madre e di mio figlio. Io e Croco partimmo per *Eboracum*.

Sbarcammo in Britannia nel porto di *Dubris* e proseguimmo per *Laundinium* dove ci accolse il *Vicarius* Giulio Asclepiodoto, governatore della Britannia. Quindi intraprendemmo il lungo viaggio fino al Vallo costruito da Adriano.
Arrivammo a *Eboracum* poco prima tramonto. Nella domus dell'Augusto mio padre non era ancora arrivato. Incontrai invece sua moglie Teodora.
Rivedere la donna che più avevo amato mi turbò più di quanto mi sarei aspettato. La mia matrigna era ingrassata dopo le tante gravidanze, aveva già qualche ruga ma era ancora bella. Per un attimo la vidi come quando la presi in quella sartoria di Treviri. Anche Teodora era in grande imbarazzo ma riuscì a rivolgersi a me come se fossi solo il figlio di suo marito.
«Benvenuto Costantino! Non ti aspettavamo così presto. Tuo padre dovrebbe venire tra poco. Intanto vuoi conoscere i tuoi fratelli?»
Uno dopo l'altro Teodora mi presentò i suoi figli. Costanza allora

aveva 11 anni, Dalmazio 10, Giulio Costanzo 9, Anastasia 8. Ultima arrivata era la piccola Eutropia che aveva solo due anni.
I bambini avevano sentito già parlare di me ma facevano fatica realizzare che il legionario che avevano davanti era veramente loro fratello. Io ero più imbarazzato di loro ma me la cavai con frasi di circostanza e tanti complimenti a madre e figli. Teodora era ben contenta che la presenza dei bambini impedisse che fossero riesumati vecchi ricordi.
Più tardi arrivò mio padre. L'Augusto Costanzo Cloro mi sembrò sciupato dall'ultima volta che lo avevo visto, a Roma. Rispose con poco trasporto al mio abbraccio e mi invitò a seguirlo nel suo ufficio. Quando fummo soli, il genitore mi fece un discorso che mi lasciò di stucco.
«Costantino, da un po' di tempo ho degli strani dolori al petto. Ogni giorno che passa mi mancano le forze. Un medico greco mi ha detto che avrei una specie di "cancro". Devi imparare in fretta a prendere il mio posto. Quando non ci sarò più, dovrai guidare tu le mie legioni, dovrai crescere tu i miei figli!»

X

Da Eboracum a Treviri (A.D. 305, 306)

Nelle settimane successive, con l'aiuto di Croco, presi gradualmente il comando delle legioni in Britannia.
Respinsi Pitti e Scoti oltre il Vallo di Adriano e avanzai verso nord, fino ai resti di quello che fu il Vallo di Antonino, che tagliava in due la Caledonia. Le tribù che vivevano tra i due Valli furono obbligate a sottomettersi a Roma.
Nel frattempo l'Augusto Costanzo Cloro ricevette due messaggi: uno dall'*Augustus Maximus* Galerio e l'altro dal Cesare di occidente Flavio Severo. A Galerio, che chiedeva mie notizie, mio padre rispose solo che io ero in Britannia e che gli stavo dando un valido aiuto contro i Pitti. A Severo ordinò di occuparsi del *limes* in Norico e di disinteressarsi delle operazioni in Britannia e in Germania, che erano solo di competenza dell'Augusto.
Riportata la calma in Britannia, mio padre ed io affidammo le legioni a Croco e ci recammo sul *limes* del Reno. L'Augusto mi presentò ai capi delle legioni ordinando che obbedissero a me in sua assenza. Per dare più peso agli ordini di mio padre guidai io stesso una spedizione punitiva contro gli alemanni oltre il Reno. L'incursione non ebbe effetti pratici ma servì a rafforzare la mia autorità sulle legioni del fronte germanico.
Nel suo soggiorno a Treviri, mio padre ebbe modo di conoscere mio figlio Crispo. Fu un incontro imbarazzante per tutti. Mio figlio non sapeva come comportarsi con un nonno che non aveva mai visto. Mio padre era a disagio con un nipote quasi coetaneo dei suo figli più grandi. Mia madre mantenne il controllo, ma poi la sentii piangere di nascosto in camera sua.

La primavera successiva ero, con l'Augusto, di nuovo a *Eboracum*. Stavolta mio padre aveva un progetto ancora più ambizioso: completare la conquista della Britannia, rendendo il Vallo di Adriano inutile!
L'operazione fu condotta anche con l'aiuto della flotta. Io stesso con-

dussi un legione che sbarcò in una insenatura a nord. Da lì risalimmo un fiume fino a un grande lago, dove gli Scoti credevano che vivesse un enorme mostro. Venendo dal lago prendemmo alle spalle l'esercito dei Pitti, che si trovarono presi a tenaglia tra la mia legione e quelle di mio padre. Tanti furono i Pitti uccisi o fatti schiavi. Pochi di loro riuscirono a scappare più a nord.

Fu allora che l'Augusto si sentì male. Sospendemmo l'offensiva, caricammo mio padre sulla mia nave e veleggiammo verso il porto più vicino a *Eboracum*.

La situazione apparve subito grave, tanto che l'Augusto, volle salutare per l'ultima volta la moglie e i figli. Pensavo che subito dopo sarebbe stato il mio turno ma invece Teodora chiamò prima un uomo con una bacinella d'acqua. Scoprii chi era solo quando, finalmente, mio padre mi chiamò al suo capezzale.

«L'uomo che è appena uscito si chiama Osio. È fuggito dalla Spagna quando Massimiano ha cominciato ad applicare gli editti contro i cristiani. Era vescovo di Cordova.»

«Da quanto sei cristiano?»

«Da cinque minuti. Mi sono appena fatto battezzare ma non dirlo nessuno. Se si viene a sapere, non ti accetteranno mai come Augusto.»

Mio padre si interruppe per tossire ripetutamente. Sputò sangue.

Io avevo un nodo alla gola. Cercai di dire qualcosa ma mio padre mi fermò.

«Ti chiedo solo una cosa, *fili mi*! Prenditi cura dei tuoi fratelli. Non permettere che gli facciano del male!»

«Te lo prometto, *tata*!»

Questa non te lo aspettavi, vero Eusebio? L'Augusto Costanzo Cloro morì da cristiano! A battezzarlo fu proprio Osio, il vescovo contro cui ti sei tanto battuto a Nicea. Ma questo successe molto più tardi...

***

L'Augusto Costanzo Cloro morì pianto dalla famiglia e dai suoi soldati. Io non avevo il tempo di piangere. Avevo troppe cose da fare prima.

Le legioni di *Eboracum*, ben ammaestrate da Croco, mi accolsero al grido: *Gloria tibi, Auguste Constantine!* Io feci loro il bel discorsetto che avevo preparato da tempo. Croco mi offerse una corona di alloro. Ormai, come avrebbe detto Cesare, il dado era tratto. Invece di passare il Rubicone dovevo solo passare il Canale che separa la Britannia dalla Gallia.
Prima di partire, feci preparare una grande pira per mio padre. L'incendiai io stesso davanti a Teodora, i miei fratellastri e i capi delle legioni. Poi feci raccogliere le sue ceneri per portarle a Treviri.

La sera della cerimonia, ebbi finalmente il coraggio di parlare con Teodora. La mia matrigna aveva appena messo i bambini a letto. Quando mi vide entrare nella sua stanza mi venne incontro e mi gettò le braccia al collo piangendo. Io la strinsi a me per consolarla ma poi...
Dicono che proprio la vicinanza della morte risveglia più forte che mai l'istinto della vita. È vero, Eusebio, fin troppo vero!
Quella sera vidi Teodora come la ragazza con cui avevo fatto l'amore tredici anni prima. Anche lei parve dimenticare il tempo passato, il marito, perfino i figli che dormivano nella stanza accanto.
Ci baciammo, mordemmo, ci rotolammo nudi sul letto... Quando la penetrai fu come la prima volta. Poi ci fu una seconda, una terza...
Talvolta la notte porta consiglio. Alla luce del mattino, vidi di nuovo la donna nuda stesa accanto a me per quello che era: la non più giovanissima madre dei miei fratelli. Anche Teodora tornò a pensare al marito defunto e ai suoi figli.
«E' stato bellissimo, Costantino! Ma non dobbiamo farlo mai più!»
Non lo facemmo più. Non ne parlammo più.

***

Durante il viaggio da *Eboracum* a *Laundinium* ebbi modo di parlare con Osio. Mi raccontò come dall'Hispania era fuggito in Gallia dove mio padre, quando era solo Cesare, evitava di applicare gli editti anticristiani. Con lui avevano viaggiato alcuni legionari ispanici che, per non abiurare, avevano deciso di unirsi all'esercito di Costanzo Cloro, a Treviri. Mio padre aveva notato Osio che dava

"assistenza spirituale" ai legionari e lo aveva mandato a chiamare.
«Tuo padre era già molto ammalato. Era molto interessato quando gli parlavo della resurrezione e della vita eterna. Mi chiese anche di accompagnarlo a *Eboracum*. Sapeva che Cristo l'avrebbe presto chiamato a sé ma ha aspettato fino all'ultimo per farsi battezzare.»
Osio cercò di spiegare il messaggio di Cristo anche a me. Io lo ascoltai distrattamente. Avevo altro da pensare.
A *Laundinium* il *Vicarius* Giulio Asclepiodoto riconobbe subito la mia autorità. Lasciai in Britannia un numero di soldati sufficiente per difendere il Vallo ma non abbastanza da tentare un tribuno ambizioso a ribellarsi ancora contro il nuovo Augusto.
Sbarcati a *Caletum* ci mettemmo in marcia verso Treviri. Mandai in avanscoperta alcuni messaggeri per far sapere a tutti che l'Augusto Costantino stava arrivando. Tutti si inchinavano al mio passaggio. In Gallia tutti conoscevano solo mio padre e me. Quasi nessuno aveva sentito di parlare di Flavio Severo che, secondo le leggi della tetrarchia, avrebbe dovuto essere l'unico Augusto di Occidente.
A Treviri, in una cerimonia solenne, deposi le ceneri di mio padre in un mausoleo appena ultimato, a cui ho dato il suo nome. Ora io ero l'unico imperatore in Gallia e Britannia.
Tanti, prima di me, erano stati nominati imperatori solo dalle loro legioni ma tutti poi avevano cercato, e talvolta ottenuto, un riconoscimento legale. Io provai a mandare un messaggio a Galerio mettendolo davanti al fatto compiuto: meglio che lo sapesse prima da me che da altri.
Stranamente, la risposta di Galerio fu conciliante. Mi scrisse che l'unico Augusto legittimo di Occidente era il suo amico Severo. Era pronto però a riconoscermi come Cesare, lasciandomi così il controllo di Gallia e Britannia.

***

Forte del beneplacito di Galerio, cercai di consolidare la mia posizione di imperatore di Occidente.
Prima di tutto pensai ai figli di Teodora. Avevo promesso a mio padre di prendermi cura dei miei fratelli ma non intendevo farlo a Treviri. Erano anche loro figli dell'Augusto Costanzo Cloro e qualcuno

della mia corte poteva pensare a usarli contro di me.
Teodora m propose di portare la sua famiglia a Tolosa dove viveva ancora una sorella della sua defunta madre. Questa soluzione mi piacque. Accompagnai io stesso Teodora e i bambini a Tolosa e trovai per loro una bella villa. Assegnai a Teodora una buona rendita e promisi di chiamare alla mia corte i miei fratelli quando tutti mi avessero riconosciuto come Augusto.

Da Tolosa, proseguii verso Sud, varcando i Pirenei. Con me vennero anche Osio e i legionari cristiani che avevano lasciata l'Hispania per le persecuzioni di Galerio e Massimiano
Nella prima ripartizione della tetrarchia, la penisola ispanica era stata assegnata all'Augusto Massimiano ma l'Hispania era una regione ricca e importante. Non avevo nessuna intenzione di cederla a Severo.
Nelle province ispaniche non incontrammo nessuna resistenza. Ad *Emerita Augusta* il *Vicarius Hispaniorum* mi accettò immediatamente come Augusto. Le legioni ispaniche, in cui rientrarono i legionari cristiani, mi acclamarono.
Osio si congedò da me a Cordova. Mi chiese il permesso di partecipare a un concilio a *Elvira*.
«Che cos'è un concilio?»
«Una riunione di vescovi. A questa parteciperanno tutti i vescovi ispanici. Abbiamo tante cose da discutere!»
«Fatelo con discrezione! I decreti di Galerio proibiscono riunioni pubbliche di cristiani. Io chiuderò un occhio ma non intendo cancellare i decreti. Non ancora almeno!»
«Tornerò a Treviri subito dopo il concilio. Presto sarai pronto ad accettare il messaggio di Cristo!»
Osio aveva capito tutto molto prima di me!

***

Tornato a Treviri, seppi che anche Massenzio si era fatto proclamare Augusto a Roma dai suoi pretoriani. Galerio aveva reagito malissimo. Aveva intimato a Massenzio di consegnare Roma a Severo, unico Augusto legittimo di Occidente. Severo era a *Mediolanum* e, con le sue legioni, si preparava a marciare verso l'Urbe.

Come mai Galerio era stato più conciliante con me che con Massenzio, che era oltretutto suo genero?

Forse perché non voleva un altro Augusto a Roma. O forse perché pensava che, eliminato Massenzio, avrebbe potuto liberarsi facilmente anche di me.

Indeciso come comportarmi, cercai di tenere il piede in due staffe. Mandai un messaggio a Massenzio dicendogli che io volevo essere Augusto solo in Gallia, Hispania e Britannia. Accettavo lui come Augusto in Italia, Africa e Norico, come avevamo concordato a Roma.

Massenzio mi rispose male.

«Sei veramente un *tracala*! Sei viscido come una lumaca! Tu hai già avuto le tue province mentre io dovrò combattere da solo contro Severo e Galerio per prendermi le mie! *Futue te ipsum*!»

Per la prima volta Massenzio aveva usato la parola *tracala* come insulto. Mi sentivo un po' in colpa perché lui a Roma mi aveva aiutato a raggiungere la Gallia e io dopo gli avevo offerto solo una generica solidarietà. In ogni caso quel suo messaggio mi forniva la scusa per troncare ogni rapporto con Massenzio. Se pensava di meritarsi il titolo di Augusto doveva arrangiarsi da solo, come avevo fatto io!

Nei mesi successivi rimasi a Treviri, badando soprattutto a difendere il *limes* da varie incursioni di Franchi. Trasformai la città in una vera capitale, trasformando il vecchio palazzo di Costanzo Cloro in quella che ora si chiama Basilica Palatina con abitazioni e uffici per l'amministrazione delle mie province. Feci anche costruire una nuova scuola per i figli dei legionari, facendo venire da Italia e Grecia i migliori *magister*. Uno dei primi allievi del mia scuola fu, naturalmente, mio figlio. Crispo aveva appena compiuto undici anni e cresceva forte e sano.

L'amministrazione delle mie province non mi impediva di tenermi informato su quello che succedeva nelle altre regioni dell'ormai smembrato impero romano. Avevo creato pure un servizio di spionaggio, con agenti che periodicamente mi portavano informazioni su quello che succedeva a Roma, Mediolanum, Sirmio e Nicomedia. Un giorno, dall'Italia mi arrivò una notizia inaspettata. Per affrontare Severo, Massenzio aveva rimesso in gioco suo padre Massimiano, associandolo al trono come Augusto. Quella mossa si era rivelata vincente!

XI

Treviri (A.D. 307)

Un giorno, a Treviri, mi venne a trovare Massimiano in persona. L'Augusto aveva ormai 57 anni ma era in piena forma. Il ritorno alla carica imperiale sembrava averlo addirittura ringiovanito. Con il suo aiuto Massenzio era riuscito a fare prigioniero l'ormai ex Augusto Severo. Massimiano mi raccontò con orgoglio come lui e Massenzio avevano vinto.
«I legionari che aveva Severo avevano tutti combattuto con me. Conoscevo bene i capi legione. A *Mediolanum* ho preso contatto segretamente con alcuni di loro. Li ho convinti a lasciare quello *stultus* di Severo per tornare dal loro vecchio comandante.»
«Non mi vorrai far credere che i legionari sono passati dalla tua parte solo per motivi sentimentali!»
«Naturalmente no! Ho dovuto sganciare un bel po' di sesterzi. E gliene ho dovuto dare molti altri dopo che avevano disertato! Severo si è trovato di colpo con un esercito più che dimezzato e ha dovuto fuggire a Ravenna.»
Le mie spie mi avevano già informato della sconfitta di Severo. Ignoravo però la sua sorte.
«Che fine ha fatto Severo?»
«Gli avevo promesso salva la vita e lui si è arreso. L'ho consegnato a Massenzio. Lo tiene come ostaggio per trattare con Galerio.»
«Non credo che l'*Augustus Maximus* terrà in gran conto la vita del suo amichetto.»
«Nemmeno io. Ci aspettiamo che Galerio venga in Italia con un esercito da un momento all'altro. Per questo sono qui. Voglio proporti un'alleanza.»
Mi trovai costretto a una scelta difficile.
A Galerio non ero mai piaciuto. Mi aveva legittimato solo come Cesare e poteva attaccarmi in qualunque momento, se occupava l'Italia. Massenzio era stato mio amico ma, da quando si era fatto proclamare Augusto, non lo era più. Era imperatore a Roma e in Italia. Se avesse vinto anche Galerio si sarebbe potuto rivolgere contro di me.

Decisi di seguire una linea prudente.
«Vorrei tanto che io e Massenzio tornassimo amici ma lui mi ha scritto cose terribili. Ora ha cambiato idea?»
«Massenzio è un giovane impetuoso ma il suo vecchio genitore ha saputo farlo ragionare. Perché smettere di essere amici quando vi conviene essere alleati?»
«Alleati come?»
«Come parenti. Ti offro in sposa mia figlia Fausta. Diventeresti mio genero e cognato di Massenzio!»
Questa proposta mi colse di sorpresa.
«Io ho 34 anni. Tua figlia deve essere ancora una ragazzina.»
«Fausta ha 17 anni. È una donna. Una bella donna!»
Massimiano mi mostrò un disegno. Dei ritratti non c'è molto da fidarsi ma la giovane donna del disegno aveva gli occhi della bella bambina che ricordavo.
«Prima voglio parlare con Massenzio. Se vogliamo diventare parenti, dobbiamo chiarire le cose tra noi prima.»

Massenzio accettò la mia proposta ma avemmo problemi a trovare un punto di incontro. Massenzio diceva di non potere allontanarsi da *Mediolanum* e io non mi fidavo a venire indifeso in Italia. Infine ci incontrammo segretamente nei pressi di *Nicaea*, al confine tra Italia e Gallia. Venimmo all'appuntamento entrambi accompagnati da una scorta, bardati con il manto di Augusto. Ci incontrammo su un ponte sul fiume Varo, solo io e lui, ma con i nostri legionari alle spalle.
Massenzio fu il primo a parlare.
«*Ave, tracala!*»
Il tono con cui disse *tracala* non fu quello scherzoso di un tempo ma nemmeno quello aggressivo della sua ultima *epistula*. Massenzio era diffidente, come me, ma il suo atteggiamento non era ostile.
Risposi in tono conciliante.
«*Ave, stulte!* Siamo stati amici. Adesso vuoi che diventiamo parenti?»
Massenzio annuì.
«Avrei preferito che fossimo restati amici. Io ti avevo offerto in sposa mia sorella quando tu eri ancora un fuggiasco, ti ricordi?»
«Certo che lo ricordo. L'idea di questo matrimonio è stata tua? Torniamo amici come prima?»

«Niente potrà essere più come prima. Noi siamo cambiati. A te piace molto sfilare in testa alle legioni, farti acclamare Augusto e ricevere i postulanti nella sala udienze della tua Basilica Palatina, vero?»
«Certo! Come a te, al *Palatium*, piace farti osannare dai pretoriani e dai senatori. Vorresti essere come il primo Augusto. Ammettilo!»
«Vedi? Siamo già come Cesare e Pompeo. La loro alleanza fu cementata dal matrimonio della figlia di Cesare con Pompeo. Poteva durare se Giulia non fosse morta così giovane.»
Annuii.
«Un matrimonio può cementare un'alleanza. Con i nostri padri ha funzionato. Ma tu hai sposato una figlia di Galerio e non ti è servito a niente.»
«No. Ma per assurdo è proprio Galerio che ora ci spinge ad allearci. Tu lo odi come me. E lui non ci ha mai potuti soffrire. Il matrimonio tra te e Fausta gli dimostrerà che noi siamo uniti contro di lui.»
Avrei preferito da Massenzio un discorso più amichevole ma almeno era convinto della necessità della nostra alleanza.
«D'accordo. Faremo a Treviri un bel matrimonio sfarzoso, alla faccia di Galerio. Ci sarai anche tu?»
«No. Io devo rimanere a *Mediolanum* per accogliere Galerio come merita, quando verrà. Naturalmente alla cerimonia ci sarà mio padre. Mi fa piacere che me lo togli di torno, per un po'.»
«Perché? Tu devi molto a tuo padre!»
«Non quanto lui vuol fare credere. Mi pento quasi di averlo richiamato a Roma. Davanti al Senato si comporta come se l'unico Augusto fosse lui e mi fa fare figure di *stercus*. Tienilo a Treviri finché puoi!»

***

A Treviri conobbi finalmente la mia sposa. Quando vidi Fausta avanzare verso di me accanto al padre rimasi letteralmente senza fiato. Assomigliava un po' alla sorellastra Teodora ma era più bella. Almeno più bella di come Teodora era diventata, dopo tanti anni e tante gravidanze. In ogni caso Teodora ormai era a Tolosa, nella bella villa che le avevo trovato, con i suoi figli.
Ripensai a quello che mio padre mi aveva detto tanti anni prima.

Aveva lasciato mia madre solo per opportunità politica o perché preferiva avere una moglie più giovane che gli potesse dare anche altri figli? Cominciavo a capirlo.

Massimiano mi aveva detta che Fausta era ben contenta di sposarmi. Mi resi conto che era vero non solo da come mi sorrise ma anche dalla fretta con cui si staccò da suo padre per pronunciare la frase tradizionale: *Ubi tu Gaius ibi ego Gaia*.

Massimiano era raggiante, impaludato nel suo manto di porpora. Tentò perfino di rubarmi la scena proclamandomi Augusto, come se non lo fossi già da molto tempo. Lo richiamai all'ordine chiamandolo *tata*.

Al matrimonio assistevano anche Crispo e mia madre. Mio figlio aveva ormai 13 anni. Era ancora un ragazzino ma non era indifferente alle grazie della sua nuova matrigna. Mamma teneva stretto a sé Crispo e guardava con diffidenza Fausta. Non cambierà atteggiamento neanche dopo il secondo e il terzo nipote.

Dopo le nozze, mia madre parlò a lungo con Eutropia, la moglie di Massimiano che non vedeva dai tempi di *Mediolanum*. Più tardi mamma mi raccontò che l'Augusta era preoccupata per suo marito. Dopo il suo ritiro forzato a Baia, Massimiano era caduto in depressione ma era diventato fin troppo esuberante quanto Massenzio lo aveva richiamato al potere. Aveva anche ripreso a correre dietro le ragazzine. Eutropia disse testualmente: "*Insanus est!*"

Lì per lì non diedi retta alle parole di una moglie da sempre trascurata e tradita. Più tardi mi resi conto che Eutropia aveva ragione.

Ho un ricordo confuso della mia prima notte con Fausta. La sposina all'inizio fu ritrosa e ci impiegai un po' a scaldarla. Alla fine però lei ricambiò i miei baci e le mie carezze. Quando la presi mi sussurrò: "*Tota tua sum!*"

Ebbi l'impressione che ci fosse qualcosa che non andava. Il giorno dopo, quando esaminai le lenzuola, ebbi la conferma che non era vergine. Preferii non fare domande.

XII

Da Constantia a Carnuntum (A.D. 308)

Galerio non si fece intimidire dall'alleanza tra me e Massenzio. L'*Augustus Maximus* venne con un grande esercito in Italia poco dopo il mio matrimonio. Per precauzione però mandò un altro esercito, comandato da Licinio, in Norico. Io condussi una legione nella *Raetia*, spostando il mio quartier generale nella fortezza che mio padre aveva voluto chiamare *Constantia*. Rimasi in attesa, ma Licinio non passò il confine e io nemmeno.
In Italia, Galerio tentò di conquistare Aquileia ma la città era ben fortificata e resistette. Sotto le mura, l'*Augustus Maximus* ricevette un messaggio di Severo che lo implorava di fare pace con Massenzio. Come risposta, Galerio gli mandò un'ampolla con la scritta *Mors tua vita mea*. Severo bevve il veleno rassegnato.
Massenzio mandò un grande esercito contro Galerio. Dopo poche scaramucce, l'*Augustus Maximus* preferì ritirarsi oltre le Alpi.

Tutto queste notizie le ricevetti proprio da Licinio, quando venne a trovarmi a *Constantia*. Cercò di rassicurarmi dicendomi che Galerio non ce l'aveva con me ma solo con Massenzio e Massimiano.
«Massimiano aveva provato a rifare con Galerio lo stesso giochetto che aveva fatto con Severo. Aveva corrotto alcuni centurioni ma uno ha confessato. A questo punto Galerio ha capito che non poteva più fidarsi dei suoi e ha deciso di ritirarsi.»
«Capisco. Galerio non è uno *stultus*. Ma cosa vuole da me?»
«Solo che tu rimanga neutrale. Mi dicono che tua moglie sia *pulcherrima*, ma io ti conosco bene. Non sei il tipo che ragiona con la *mentula* come Massimiano.»
«No. Non mi fido di Massenzio ma meno ancora di Galerio. Che cosa mi offre?»
«Non vuole la guerra con te. Ti riconosce l'*imperium* sulle province che già controlli. Fa differenza se sei Cesare o Augusto?»
«C'è una differenza enorme e tu lo sai benissimo. Se lui non mi attacca non lo attaccherò, ma non deve prendermi per il *culum*!»
Licinio rise.

«Se a disputarci l'impero ci fossimo solo noi due ci intenderemmo subito. Credo che anche Galerio capirà.»
Licinio non mi aveva promesso niente, così rimasi in allerta a *Constantia*. Più tardi le mie spie mi riferirono che l'esercito di Licinio si era riunito con quello di Galerio. Insieme si erano diretti a *Vindobona*. Tirai un sospiro di sollievo e tornai a Treviri.

Alla Basilica Palatina, mi venne a trovare Massimiano.
Con una scusa o con l'altra il vecchio Augusto si era trattenuto a lungo in Gallia. Era stato pure a Tolosa per rivedere la figlia maggiore e conoscere i suoi nipoti, miei fratellastri. Teodora poi mi aveva mandato un messaggio pregandomi di non permettere più a suo padre di venire a trovarla.
Evidentemente la presenza di Massimiano non era gradita ai suoi figli. Anche Fausta si sentiva a disagio quando suo padre veniva a farci una visita. Per non parlare di Massenzio che lamentava la continua ingerenza del vecchio Augusto negli affari di stato.
Quel giorno Massimiano fece imbestialire anche me. Osò criticarmi per le mie azioni militari!
«Perché non hai attaccato Galerio mentre si ritirava? Ce lo saremmo tolto per sempre di torno!»
«A nemico che fugge ponti d'oro! Dovresti saperlo anche tu.»
«Ti sei messo d'accordo con loro! Ci hai traditi, *tracala*!»
«Nessuno si può permettere di chiamarmi *tracala* con quel tono! Torna a Roma e riferisci a Massenzio che ho sempre mantenuto i nostri patti!»

***

Quello che successe poi a Roma l'ho saputo dai miei informatori.
Non so se Massenzio credette a tutto quello che suo padre gli raccontò di me. Naturalmente anche lui avrebbe preferito che mi schierassi senza riserve contro Galerio. In ogni caso l'Augusto Massenzio non ci mise molto tempo a capire che suo padre poteva danneggiarlo molto di più di me.
A scatenare gli eventi che provocarono la rottura tra Augusto padre e Augusto figlio fu una certa Rufia, figlia del prefetto del pretorio

Rufio Volusiano, il più potente sostenitore di Massenzio.
Rufia aveva 14 anni, la stessa età di Romolo, il figlio di Massenzio, e frequentava la sua stessa scuola.
Massimiano aveva preso l'abitudine di andare a prendere il nipote a scuola con il carro imperiale. Talvolta con Romolo saliva sul carro anche Rufia. Massimiano guidava lui stesso il carro e gli piaceva fare divertire i ragazzi facendo correre i cavalli per le strade di Roma, tra lo sconcerto dei passanti.
Un giorno che Romolo era impegnato in palestra, Massimiano passò ugualmente alla sua scuola e si offrì di dare un passaggio a Rufia. La ragazzina fu lieta di salire sul suo carro ma il vecchio Augusto la portò invece alla sua villa sulla Via Appia...
Massimiano aveva intimato a Rufia di tenere la bocca chiusa ma, una volta a casa, la ragazzina raccontò tutto al padre. Volusiano andò subito a parlare con Massenzio...
Est in canitie ridicula Venus! Questa dovette essere una delle frasi che Massenzio disse in privato al vecchio satiro. Ma non furono le passioni senili del padre a fare infuriare il figlio. Massimiano aveva osato fare un terribile affronto al capo dei pretoriani, la forza che più garantiva il potere dell'Augusto di Roma.
La presenza di Massimiano a Roma era diventata insostenibile. Il giorno dopo, davanti ai pretoriani schierati con Volusiano, Massenzio ringraziò il padre per i passati servigi e lo invitò a tornare a godersi il meritato riposo nella sua villa in Campania.
Massimiano reagì molto male. Disse che Massenzio era debole e incapace di governare. Provò perfino a strappare le vesti imperiali del figlio ma i pretoriani lo portarono via, quasi di peso.
L'ormai ex Augusto dovette lasciare l'Italia. Molto tempo dopo seppi che era andato a lamentarsi dal suo vecchio amico e collega Diocleziano, a Salona.

***

Pochi mesi dopo Galerio promosse un incontro al vertice tra Augusti, Cesari e tribuni delle legioni. Si tenne a *Carnuntum*, città fortificata del Norico, sul *limes* danubiano. Fui invitato anch'io ma, per prudenza, preferii mandare a rappresentarmi un mio tribuno: Anicio Bassiano.

Bassiano apparteneva a un ramo secondario della potente *gens* Anicia. Era l'unico romano dei miei ufficiali e il più istruito del mio stato maggiore. Aveva militato, con suo fratello Senecio, nell'esercito di Diocleziano.
In seguito, i due fratelli si erano separati. Bassiano, assegnato al *limes* del Reno, era diventato tribuno combattendo prima con mio padre e poi con me. Senecio invece era diventato tribuno nell'esercito di Licinio. C'era anche lui a *Carnuntum*.

Bassiano mi fece un fedele resoconto di quanto discusso nell'incontro che doveva decidere il futuro dell'impero.
Il primo a parlare fu il vecchio Diocleziano che rifiutò ogni proposta di tornare a mettere ordine tra Augusti, Cesari e usurpatori. Le sue parole testuali furono: «*Se voi poteste vedere il cavolo che ho piantato con le mie stesse mani, non osereste suggerire di rimpiazzare la pace e la felicità del mio orto con i temporali di un'avidità mai soddisfatta.*».
In parole povere: adesso sono cavoli vostri!
Dopo la morte di Severo c'era da nominare il nuovo Augusto di Occidente. Massimiano propose se stesso ma Diocleziano gli intimò di rinunciare: aveva già fatto abbastanza danni!
Bassiano propose di nominare Augusto me, Costantino, ma Galerio rifiutò: Cesare ero e Cesare dovevo rimanere.
Infine Galerio, a sorpresa, conferì il titolo di Augusto a Licinio. Gli furono assegnate le province di Norico, Pannonia e Illirico. Quel bastardo probabilmente già lo sapeva quando era venuto a trovarmi a *Constantia!*
Massimino Daria rimase Cesare d'Oriente. Massenzio, in contumacia, fu dichiarato usurpatore. Gli fu intimato di lasciare Italia e Africa al legittimo Augusto Licinio.
Massimiano, dichiarato *Hostis publicus,* lasciò *Carnuntum* con la coda tra le gambe. Decise di tornare nell'unica corte da cui ancora non lo avevano cacciato: la mia!

XIII

Da Treviri a Massalia (A.D. 309, 310)

Tornato da *Carnuntum*, Bassiano mi raccontò anche quello che era successo dopo l'incontro tra Cesari e Augusti. Licinio l'aveva ricevuto in privato e mi aveva mandato a dire che, Cesare o Augusto, mi considerava suo pari e alla pari voleva trattare con me.
Con Bassiano venne a Treviri anche suo fratello Senecio, per conto del nuovo Augusto. Rimanemmo d'accordo che i due fratelli sarebbero sempre rimasti in contatto per appianare eventuali divergenze tra i loro capi.
Tutto sommato a *Carnuntum* non mi era andata tanto male. Senza le legioni di Licinio, Galerio non mi avrebbe attaccato.
Restava Massenzio. Usurpatore o no, era l'unico signore dell'Italia e dell'Africa. Non aveva più la zavorra di un padre ingombrante che, purtroppo, era anche mio suocero.

Quando Massimiano si presentò al mio ufficio della Basilica Palatina pensai solo a come potere liberarmi di lui. Per guadagnare tempo cominciai a rimproverarlo per quello che aveva combinato a Roma.
«Con tutte le ragazze che ci sono in giro come ti è venuto in mente di sedurre proprio la figlia del capo dei pretoriani?»
«Non avrei dovuto, lo so! Ma la ragazzina era così bella e innocente. Mi guardava con certi occhioni!»
«*Mentula*! Ma aveva 14 anni! L'età di tuo nipote!»
«Proprio questo mi attirava. Era vergine! È così bello possedere una vergine! Dovresti provare anche tu questa sensazione...»
Massimiano si interruppe di colpo, rendendosi conto dell'errore che aveva fatto. Abbassò gli occhi. Allora capii.
«Dunque tu sapevi che Fausta non era vergine quando me l'hai offerta in sposa!»
«Non ti ho mai detto che era vergine. Ti ho detto solo che era bella e che un'alleanza matrimoniale ci sarebbe stata utile.»
«Vero. Ma chi è stato il primo uomo di Fausta?»
«Non me lo ha voluto dire. Che importanza ha?»

Aveva molta importanza se quello che sospettavo era vero!
Congedai in fretta Massimiano e mi diressi nell'ala della Basilica dove c'era la mia *domus*. Fausta stava facendosi pettinare da un'ancella. Feci uscire la schiava e affrontai con cautela l'argomento con mia moglie.
«Oggi ho parlato con tuo padre. È arrivato ieri a Treviri e non vi siete ancora visti. Ce l'hai con lui?»
Fausta si mise sulle difensive.
«Mio padre è una cattiva persona. Meno lo vedo e meglio è. Quello che ha fatto a quella ragazza di Roma mi ha sconvolto.»
«Qui volevo arrivare. L'ha fatto anche con te?»
Fausta impallidì.
«Che dici?»
Mi avvicinai a mia moglie e l'abbracciai.
«Ti prego Fausta! Non tenerti tutto dentro. Non ci devono essere segreti tra marito e moglie. Tuo padre ti ha... fatto del male?»
Fausta scoppiò a piangere.
«Come lo hai capito? Non l'ho detto a nessuno. Nemmeno a mia madre!»
Poco alla volta, tra i singhiozzi, mia moglie mi ha raccontato tutto. Era successo a Baia quando lei aveva 14 anni. Massimiano era depresso per essere stato costretto a lasciare la carica di Augusto. Cominciò a passare sempre più tempo con sua figlia. Fausta all'inizio era contenta dell'affetto del padre ma poi lui cominciò ad accarezzarla in un modo poco paterno.
«Mi diceva che era giusto! Che era naturale che un padre amasse sua figlia. Che la iniziasse all'amore!»
Così Massimiano aveva tolto la verginità anche alla figlia. Colto il fiore che più voleva, non l'aveva più molestata. Si era accontentato delle contadine della zona fino a quando Massenzio l'aveva richiamato a Roma.
Feci tutto quello che potevo per consolare Fausta. Quella notte fui dolcissimo con mia moglie e, per la prima volta, lei si abbandonò a me senza riserve.
Dovevo decidere che fare con mio suocero. Non potevo più tenerlo a Treviri. Nemmeno a Tolosa era gradito. Credevo di sapere perché. Pensai allora di mandarlo a *Massalia*, città fortificata non lontana dal

confine con l'Italia. Dissi a Massimiano che da lì avrebbe potuto comunicare più facilmente con Massenzio, magari riconciliarsi con lui. Per sicurezza mandai con lui Croco, il mio tribuno più fidato, raccomandandogli di badare che mio suocero non facesse sciocchezze.
A Massimiano e Croco si unì nel viaggio anche Osio. Da Cordova il vescovo era tornato a Treviri, convinto di potermi finalmente convertire. Aveva ottenuto qualche successo con mia madre e con Crispo ma io avevo sempre evitato di compromettermi. Per togliermelo di torno, gli dissi che Massimiano, abbandonato da tutti, poteva essere propenso ad accogliere il messaggio di Cristo.

Lieto di vedere partire due rompipalle con lo stesso carro, organizzai una nuova spedizione contro i Franchi. Quel popolo barbaro era stato più volte sconfitto, da mio padre e da me, ma ogni volta si risollevava e creava problemi. Questa volta ero deciso a farla finita con loro.
Raggiunto il *limes,* feci fare un ponte sul Reno. Passammo il fiume e affrontammo i Franchi, distruggendo i loro miseri villaggi e mettendo le loro tribù una contro l'altra. In due mesi una vasta area oltre il Reno era sotto il controllo romano. Ero intento a fare costruire una nuova linea di fortificazioni oltre il fiume quando vidi arrivare trafelato Osio, accompagnato da alcuni legionari cristiani. Portavano terribili notizie. Massimiano mi aveva tradito. Aveva ucciso Croco e si era impadronito della fortezza di *Massalia*.

***

Sospesi ogni azione sul Reno e tornai a Treviri. Da lì, partii con due legioni verso *Massalia*. Portai con me anche Fausta, nella speranza che mi aiutasse a fare rinsavire suo padre.
Durante il viaggio, Osio mi raccontò alcuni particolari sul tradimento di Massimiano.
«Quel diavolo aveva ingannato anche me! Diceva di essersi pentito per avere messo a morte tanti cristiani. Intanto tramava nell'ombra. Dovevo capirlo quando l'ho visto parlare sottovoce con il comandante della fortezza, suo amico. È stato lui a pugnalare alle spalle Croco!»

Massimiano conosceva bene il comandante della fortezza e sapeva quanto era venale. Mio suocero aveva corrotto anche altri ufficiali. Osio era scappato quando Massimiano aveva rimesso in vigore gli editti anticristiani di Galerio.
La situazione era critica. Massimiano da solo poteva fare poco ma, sicuramente, aveva mandato un messaggio a Massenzio. Consegnandogli *Massalia* poteva riabilitarsi agli occhi del figlio.
Fortunatamente Massenzio non arrivò in tempo. Massimiano aveva sopravvalutato il suo prestigio e il suo oro. I soldati non lo riconoscevano più come Augusto e il suo oro non era abbastanza. Appena il mio esercito fu alle porte di *Massalia*, i soldati mi aprirono le porte, consegnandomi i traditori. Massimiano piangendo mi chiese perdono. Per intercessione di Fausta decisi di salvargli la vita ma lo feci mettere sotto stretta sorveglianza nelle sue stanze.
A Croco diedi una onorata sepoltura. Al suo posto, feci entrare nel mio stato maggiore suo figlio Ulderico.

Incontrai Massenzio poco tempo dopo, per la seconda volta in un ponte sul Varo. Era distrutto dal dolore per la perdita del figlio Romolo, morto annegato nel Tevere. Aveva fatto per lui funerali grandiosi che forse avevano ritardato il suo arrivo ai confini della Gallia. Gli ultimi avvenimenti avevano cancellato completamente la nostra amicizia di un tempo. Quando gli feci le mie condoglianze lui mi rispose gelidamente.
«Taci, *tracala*! La morte di Romolo ti ha fatto comodo. Magari sei stato tu a provocarla!»
«Ma che dici Massenzio! Sono padre anch'io. I nostri figli erano amici!»
«Sarà, ma tu un figlio ancora ce l'hai e io no. Ora mi vuoi portare via anche il padre?»
«Tuo padre sta bene. L'ho perdonato e ora è con tua sorella.»
«Fa in modo che non gli succeda niente, se no me la pagherai. Sono venuto qui solo per dirtelo!»
Sono sicuro che Massenzio era venuto fino a *Nicaea* con ben altre intenzioni ma le mie legioni al confine lo avevano dissuaso.

***

Massenzio tornò a Roma senza stipulare come me nessun accordo. Massimiano rimase sotto sorveglianza a *Massalia*.
Il vecchio Augusto era stato sconfitto e umiliato ma non si era ancora rassegnato. Riuscì, non so come, a procurarsi un pugnale. Fausta lo scoprì sotto il suo cuscino e mi avvisò.
Io volli vedere fino a che punto mio suocero sarebbe arrivato. Fausta gli disse dove dormivo. Io avevo messo una specie di fantoccio nel mio letto. Massimiano si fece sorprendere mentre pugnalava con rabbia degli stracci...
Rinchiuso in una cella della fortezza, con i suoi ultimi spiccioli, Massimiano chiese ai suoi carcerieri prima un pugnale e poi del veleno. Ottenne solo un pezzo di corda. Il giorno dopo lo trovarono impiccato.

Hai preso nota Eusebio? Probabilmente tu hai sentito altre versioni sulla morte di Massimiano. Io ribadisco che il vecchio Augusto fu l'unico responsabile della sua morte. Nei suoi ultimi anni riuscì a farsi nemici tutti, anche i suoi figli.

Le esequie di Massimiano furono effettuate con la massima riservatezza, alla presenza solo delle figlie e dei nipoti del defunto. In quella occasione Teodora incontrò, per la prima volta, la sorellastra Fausta. Le figlie piansero insieme un padre che, a suo modo, le aveva amate, prima che una specie di demenza senile lo portasse a compiere degli atti inconsulti.
A una mia precisa domanda, Teodora mi confessò che non era stato suo padre a farle perdere la verginità.
«E' successo con un mio cugino, a Tolosa. Da bambini facevamo sempre il bagno insieme nelle nostre terme private. Quando cominciai a diventare donna, mia madre ci proibì certe intimità ma noi continuammo a giocare insieme. Un giorno successe. Avevo tredici anni!»
«Tuo padre lo sapeva?»
«Sì. Mi sentii in dovere di confessarglielo quando mi disse che mi voleva trovare un marito. Lui ci rimase male ma mi invitò a mantenere il segreto fino alle nozze.»
Forse Teodora si salvò dal destino di Fausta proprio perché non era più vergine quando suo padre la prese con sé. Mi rimaneva un ultimo

dubbio.
«L'ultima volta che Massimiano è venuto a trovarti a Tolosa, tu quasi lo hai cacciato via. Perché?»
«Per le mie figlie. Costanza ha ora 15 anni, Anastasia 12. Mio padre era molto affettuoso con loro. Troppo affettuoso...»

XIV

Da Treviri a Augusta Taurinorum (A. D. 311)

Pochi mesi dopo la morte di Massimiano ricevetti un messaggio di Galerio in cui per la prima volta mi riconosceva come Augusto. Mi mandava il testo di un nuovo editto che, in una forma molto contorta, attenuava le precedenti misure contro i cristiani. Volli parlarne subito con Osio.
Il vescovo lesse attentamente le nuove disposizioni e mi mostrò una frase.

... abbiamo ritenuto di estendere la nostra clemenza anche ai cristiani affinché si ricostruiscano gli edifici nei quali erano soliti riunirsi...

«Galerio non dice espressamente che il cristianesimo è diventata una *religio licita*. Ci è permesso di ricostruire le nostre chiese ma restiamo vivi solo grazie alla sua "clemenza".»
«Per ora vi dovete accontentare. Finché Galerio è vivo non intendo contraddirlo.»

Galerio morì poco dopo il suo ultimo editto. Licinio e Daria si spartirono l'Oriente. Licinio ottenne Illirico, Macedonia, Grecia e Tracia. Daia ebbe Asia minore, Siria e Egitto.
Daia provò a trovare un accordo con Massenzio ma l'Augusto di Roma era diventato troppo esigente. Dal *Palatium* dominava Italia e Africa e pretendeva che tutti riconoscessero la sua autorità.
Più facile fu trovare un accordo tra me e Licinio. Con l'aiuto dei nostri portavoce, Bassiano e Senecio, fissammo i nostri confini nel Norico e firmammo un patto di non aggressione. Ora avevo mano libera contro Massenzio che, dopo la morte di suo padre, aveva respinto ogni mio tentativo di riconciliazione.
Prima di entrare in guerra, mandai in Italia alcuni miei agenti. Il mio scopo non era solo raccogliere informazioni ma anche verificare se, in Italia, potevo trovare alleati.
Le prime notizie che ricevetti erano scoraggianti. Massenzio sem-

brava saldo al potere, appoggiato dal Senato e dai pretoriani. Nel suo esercito, i veterani che avevano combattuto con suo padre erano stati affiancati da altri più giovani, arruolati in tutta Italia.
Anche il morale di Massenzio era di nuovo alto. Sua moglie Massimilla aveva avuto un altro figlio. Era stato chiamato Massimiano, come il nonno. Massenzio pareva avere dimenticato i tanti contrasti che aveva avuto con suo padre: l'aveva fatto addirittura divinizzare!
Nel tentativo di trovare nell'Augusto di Roma un punto debole, pensai di rivolgermi a Osio. A Roma c'era una numerosa comunità di cristiani che Massimiano aveva perseguitato e Massenzio a fatica tollerava. Forse tra di loro c'erano persone disposte ad appoggiarmi. Osio promise di aiutarmi. Naturalmente anch'io ho dovuto fargli delle promesse. Alla fine le ho mantenute.

***

Mentre i miei agenti si infiltravano a Roma, io mettevo insieme un possente esercito. Per la prima volta avrei combattuto altri romani, romani di Roma!
Pochi nelle mie legioni erano nati a Roma, o almeno in Italia. Io stesso ero nato in Mesia e cresciuto in Illiria e in Gallia. Tutti però ci sentivamo romani.
Io non amavo la Roma del mio tempo, con i suoi senatori altezzosi e con i consoli che non si sapeva più a che cosa servivano. Roma era l'impero. Roma era il mondo di quelli che seguivano le sue leggi, di quelli che, come noi, combattevano i barbari che volevano distruggere tutto quello che in secoli era stato costruito.
Per formare il mio esercito non potevo sguarnire le frontiere. Sul Vallo di Adriano premevano ancora Scoti e Pitti. Il *limes* del Reno era spesso attaccato da Franchi e Alemanni: erano stati più volte sconfitti e umiliati ma ogni volta tornavano alla carica.
Lasciai a difendere il Vallo e il *limes* i legionari che più erano legati alle terre in cui vivevano da anni. Molti di loro si erano sposati con donne del luogo e avevano avuto figli: questo li rendeva più restii a spostarsi ma anche più decisi a difendere i confini di quella che ormai era la loro terra.
Per contro non esitai ad arruolare molti barbari, anche alcuni cattu-

rati in guerra. Tanti Scoti, Pitti, Franchi, Alemanni divennero romani. Ricevettero lo stesso addestramento degli altri legionari, impararono il latino e furono messi agli ordini di tribuni fidati. Se avessero tradito sapevano la fine che li aspettava.
In totale misi insieme un esercito di quasi centomila uomini. Massenzio in Italia poteva mandarmi incontro un esercito anche più numeroso ma io mi sentivo superiore a lui. Io avevo combattuto per anni contro i barbari e Massenzio no. Io sapevo guidare un esercito e lui no.
Massenzio aveva vinto Severo e Galerio solo grazie all'esperienza, e ai sesterzi, del padre Massimiano, quando ancora stava dalla sua parte. Le legioni di Massenzio contavano pochi veterani e troppi italici inesperti.
Per la prima volta portai in battaglia mio figlio Crispo. Anch'io ero andato in guerra a 16 anni. Per mio figlio avrei voluto aspettare ma lui era impaziente di dimostrarmi quanto valeva. Mia madre rimase a Treviri ma mi raccomandò che tenessi Crispo al riparo da ogni pericolo.

Non ebbi bisogno di un pretesto per attaccare Massenzio. Vedendo i miei preparativi, il mio ex amico mandò una legione verso *Massalia*. Io lo sorpresi passando le Alpi più a nord. Massenzio mi venne incontro. Ci affrontammo nei pressi di *Augusta Taurinorum*.
Nel campo le nostre legioni avanzarono disciplinatamente, spronati dalle grida dei centurioni: *"Ordinem servate!"*
I nostri, più numerosi e meglio addestrati, ruppero facilmente lo schieramento avversario. I soldati di Massenzio cominciarono ad arretrare. Invano i loro capi, li ammonirono a resistere gridando: *"Nemo dimittat!"*
La ritirata dei nostri nemici si trasformò presto in fuga. Tanti di loro caddero sul campo e furono travolti dai nostri cavalli. Le nostre perdite furono minime.
Nel campo, festeggiammo la vittoria svuotando le botti di vino Falerno che i soldati di Massenzio avevano abbandonato, insieme ad armi e vettovaglie varie.
Diedi il permesso di bere una coppa anche a Crispo, che avevo tenuto accanto a me per tutta la battaglia. Quando potevo, gli spiegavo

le mie mosse e gli indicavo gli errori dei nemici. Crispo ascoltava attento e faceva domande intelligenti. Ero sicuro che sarebbe diventato un ottimo comandante.

Infine andai a riposare nella mia tenda. Crispo alloggiava in una tenda vicina, insieme a Ulderico, il figlio del mio vecchio amico Croco, a cui avevo affidato la sua sicurezza.

Stavo quasi per addormentarmi, quando sentii qualcuno entrare. Mi alzai di colpo e vidi Crispo coperto di sangue.

«Che ti hanno fatto?»

«Il sangue non è mio. È di Ulderico. Era ubriaco e mi voleva *futuere* con la forza. Fortunatamente tengo sempre un pugnale sotto il cuscino.»

Crispo era sconvolto. Io lo consolai come potevo.

«Avevo circa la tua età quando uccisi il mio primo uomo, un assassino franco che era entrato nella mia tenda. Io lo feci per salvare la mia vita, tu il tuo onore. Sei un vero romano!»

Invitai Crispo a dormire con me, quella notte. Intanto diedi disposizioni per portare il corpo di Ulderico tra le salme dei caduti in battaglia.

Crispo si lavò, si cambiò e si buttò sul suo giaciglio. Rimasi accanto a mio figlio finché non riuscì ad addormentarsi.

Uscii all'aperto e guardai in alto. C'era un bellissimo cielo stellato. Riconobbi le costellazioni della Lira, dell'Aquila e del Cigno. Notai per la prima volta che, nella costellazione del Cigno, le stelle sono allineate come nella croce cristiana. Quella notte, sotto la croce, c'erano i pianeti Giove, Marte e Venere, come se gli dei dell'Olimpo si fossero sottomessi al Dio cristiano.

Scossi la testa. Fino a quella notte avevo resistito alle lusinghe dei cristiani evitando di compromettermi con loro. Era forse arrivato il momento di prendere una chiara posizione?

Avevo vinto una battaglia ma la via per Roma era lunga. Feci il giro del campo salutando le sentinelle e intanto ripensavo a quelle che sarebbero state le mie prossime mosse.

Stanco e assonnato tornai nella mia tenda. Vidi che Crispo dormiva tranquillo e mi addormentai anch'io.

Feci un bellissimo sogno. Mi parve di salire in cielo, fino a quasi toccare le stelle della croce, più luminose che mai. Gli altri astri si era raggruppati fino a formare una scritta:

IN HOC SIGNO VINCES

Hai preso nota Eusebio? Tu forse racconterai la storia in un altro modo, ma è stato allora che ho cominciato a pensare che il vostro Dio poteva aiutarmi a vincere.

XV

Da Augusta Taurinorum a Roma (A.D. 312)

Temendo un attacco anche da parte di Licinio, Massenzio aveva dislocato parte del suo esercito presso Aquileia. Dopo la disfatta di *Augusta Taurinorum*, tutte le legioni dell'Augusto romano furono richiamate sull'Adige. Massenzio provò ad affrontarmi presso Verona e fu di nuovo sconfitto. Punii la città che mi aveva resistito con saccheggio e incendio.
Massenzio da allora evitò ogni scontro frontale. Si ritirò ordinatamente con il suo esercito verso sud, tentando solo occasionalmente azioni di disturbo alle mie legioni che avanzavano.
Il mio esercito fece una sosta a *Regium Lepidi*. I suoi abitanti si arresero senza combattere e io risparmiai la città, in cambio solo di un generosa *donatio*. Anche *Bononia* si arrese subito.
Ariminum fece una debole resistenza che permise a Massenzio di raccogliere altre truppe per difendere Roma. La città ebbe la stessa punizione di Verona. *Fanum Fortunae* e tutte le altre città che incontrammo lungo la Via Flaminia ci aprirono subito le porte, per non fare la stessa fine di Verona e *Ariminum*.
Il morale dei legionari era alto. Anche Crispo aveva ritrovato il buon umore. Fermai l'esercito solo quando arrivammo a poche miglia da Roma. Massenzio aveva raccolto tutte le milizie che aveva per difendere la sua città. L'Urbe mi aspettava.

Mi accampai in una località che gli abitanti chiamavano *Saxa Rubra* per il colore rossastro delle rocce della zona. Presto sarebbero diventate ancora più rosse per il sangue dei caduti in battaglia.
Allora però non ero sicuro che ci sarebbe stata una battaglia. Tanti a Roma cercavano di convincere Massenzio a non affrontarmi in campo ma a rinchiudersi dentro le mura Aureliane, che l'Augusto di Roma aveva fatto da poco rafforzare. Massenzio aveva fatto riempire i magazzini di scorte alimentari. Le vettovaglie sarebbero bastate a sostenere gli assediati per parecchi mesi.
Riflettei a lungo. In caso di assedio il mio esercito avrebbe sofferto la fame più della città di Roma.

Dovevo convincere Massenzio a dare battaglia. Il suo esercito era più numeroso del mio ma avevo già dimostrato di poterlo vincere.
Osio aveva già preso contatto con il vescovo di Roma, Papa Milziade. Tutti i cristiani era segretamente dalla mia parte. Nessuno voleva soffrire la fame per compiacere un imperatore che ignorava i bisogni della plebe e che considerava i cristiani nemici di Roma.
Papa Milziade convinse i pochi cristiani infiltrati nella corte di Massenzio a lusingare l'Augusto convincendolo ad attaccare e a vincere. Gli altri avrebbero spinto la plebe a fare dimostrazioni contro un *tyrannus* che non si curava del benessere dei suoi cittadini.
Non so se furono proprio le dimostrazioni della plebe a convincere Massenzio a dare battaglia. Più convincenti furono forse i suoi adulatori, cristiani e non, che lo convinsero che rintanarsi dentro le mura sarebbe stato disonorevole.
Pochi giorni dopo il mio arrivo a Saxa Rubra, i miei informatori mi riferirono che Massenzio aveva lasciato il *Palatium* per tornare alla sua villa sulla Via Appia, fuori le mura. Forse perché da lì poteva organizzare meglio il suo esercito, o forse per facilitare la fuga di moglie e figlio, in caso di sconfitta. Infine l'esercito dell'Augusto romano passò il Tevere. Massenzio pose il suo campo poco lontano dal mio. Da lì mi mandò un messaggio, chiedendomi un colloquio privato.

Ormai dalle parole si era passati alle armi, ma accettai lo stesso di parlare con Massenzio.
Convenimmo di incontrarci a metà strada tra i nostri accampamenti. Entrambi venimmo all'appuntamento con una scorta armata ma avanzammo da soli fino a punto stabilito, al riparo delle frecce di entrambi gli schieramenti.
Massenzio parlò per primo.
«*Ave tracala!*»
«*Ave stulte!* Ho cercato di parlare con te prima di venire in Italia ma tu ti sei sempre rifiutato. Ora non ti sembra un po' tardi? »
«Per trovare un accordo è troppo tardi da un pezzo. Non prendermi in giro, *tracala*. È evidente che tu non ti puoi accontentare di Gallia e Hispania, come io non mi posso accontentare di una parte dell'impero romano, stando a Roma.»

«Purtroppo è vero. E allora?»
«Allora diciamoci addio! Uno di noi due domani morirà. Se vincerai tu, ti prego solo di risparmiare l'unico figlio che mi è rimasto. Come io non farò mai del male a Crispo.»
Ero commosso.
«Non farei mai del male a Massimilla e al piccolo Massimiano. Non avrei mai voluto che le cose arrivassero fino a questo punto.»
«Nemmeno io, *tracala*! Ma tu avevi capito tutto molto prima di me!»
Ci salutammo con la mano alzata. Avrei voluto abbracciarlo ma sarebbe stato un atto ipocrita, viscido, proprio da *tracala*.
Dal colloquio non mi aspettavo niente di più. Passai in rassegna le legioni. In una di esse avevo raggruppato cristiani e simpatizzanti. Nel loro *vexillum* c'era una croce. Fu la legione che più si distinse nei combattimenti.
Preparai i piani di battaglia. Stavolta non dovevo solo vincere. Dovevo annientare l'armata di Massenzio prima che potesse mettersi in salvo dentro le mura di Roma.

Hai preso nota Eusebio? Che quella battaglio l'abbiamo vinta noi lo sanno tutti.
Perché abbiamo vinto? Per l'aiuto di Dio? Per il valore dei miei legionari? Per la stultitia di Massenzio? Forse per tutte queste cose!

L'Augusto Massenzio, per ostacolare la nostra avanzata, aveva fatto demolire parte del Ponte Milvio per sostituirlo con un ponte di barche. Quel ponte, sotto il peso dei suoi soldati in fuga, crollò...
Tanti annegarono per il peso delle armature. Tra loro anche Massenzio. Il giorno dopo mi portarono la sua testa.
Dicono che Cesare pianse davanti alla testa di Pompeo. Io no. Non sono *tracala* fino a questo punto!

XVI

Tra Roma, Mediolanum, Treviri e Cartagine (A.D. 312, 313)

La testa di Massenzio fu portata in parata in parata nelle strade di Roma, per confermare a tutti i romani che il *tyrannus* era veramente morto. Tanti che avevano collaborato con Massenzio furono ben felici di salire sul carro del vincitore.
Tra i primi che mi resero omaggio ci fu Volusiano, il padre della ragazzina deflorata da Massimiano.
Per risarcirlo, Massenzio lo aveva promosso *praefectus urbis*. Per guadagnare l'appoggio dei patrizi romani lo ripristinai nella sua vecchia carica.
Tra i pochi che rimasero fedeli a Massenzio fino all'ultimo ci fu Rusticiano, l'ultimo prefetto del pretorio. Massenzio gli aveva affidato anche le *Insigna imperii*, prima di morire. Nemmeno sotto tortura volle dirmi dove le aveva nascoste.
«Non le troverai mai, *tracala*! Nessuno le troverà, nemmeno tra cento o mille anni!»
Quelle insegne erano solo inutili scettri di ferro e oricalco. Potevano avere un valore simbolico solo se qualcuno avesse potuto usarle contro di me. Non persi tempo a cercarle.
Rusticiano finì per confessare che la vedova e il figlio del defunto imperatore si erano imbarcati per l'Oriente ed erano attesi alla corte di Massimino Daria, cugino di Massimilla. Tirai un sospiro di sollievo. Il figlio di Massenzio era vivo ma in un luogo dove non poteva danneggiarmi in nessun modo.
Insieme a Rusticiano feci uccidere tutti i pretoriani rimasti fedeli a Massenzio. L'intero corpo dei pretoriani cessò di esistere. Mi sarebbe piaciuto eliminare anche il Senato e i consoli, residui dell'antica repubblica, ma sarebbe stato inopportuno e inutile. Mi limitai a riformare l'apparato burocratico, riducendo questi fantasmi del passato a pure cariche onorifiche.

A Roma dovetti anche occuparmi di opere pubbliche. Innanzitutto dovetti fare completare le opere iniziate da Massenzio: una enorme basilica e un ennesimo impianto termale.

Per lasciare anch'io un segno a Roma, diedi l'avvio di un enorme arco monumentale dedicato a me, l'Augusto Costantino. Per risparmiare materiali, usai come base un modesto arco in rovina lasciato da Adriano. Feci recuperare molti vecchi marmi e feci scolpire grandi fregi con le immagini delle mie vittorie su Massenzio e del mio trionfale ingresso a Roma.

Lasciai invece andare in rovina la Villa di Massenzio sulla Via Appia. Quel megalomane aveva fatto perfino costruire, accanto alla casa, un Circo in cui nessun cavallo aveva mai messo gli zoccoli. La villa ritornò una tenuta agricola e nei resti del Circo pascolarono le pecore. Non rimasi a lungo a Roma, città in cui mi sono sempre sentito a disagio. Prima di tornare alla mia residenza di Treviri feci sosta a *Mediolanum*.

***

A *Mediolanum* feci venire anche Teodora e i miei fratellastri. Per la prima volta Fausta vide la mia ex matrigna. Crispo conobbe quelli che tecnicamente erano suoi zii.

Allora Costanza aveva 18 anni, Dalmazio 17, Giulio Costanzo 16, Anastasia 15, Eutropia 9. Crispo, a 17 anni, sembrava più un loro fratello. Teodora aveva quasi 40 anni ma si manteneva abbastanza bene. Fausta, a 21 anni, guardava con invidia la donna che aveva saputo dare a mio padre tanti figli mentre lei ancora non era riuscita ad averne.

La primogenita Costanza somigliava a sua madre ma aveva preso dal padre un collo robusto come il mio, una vera *tracala*. Le feci una domanda che prese tutti di sorpresa.

«Sorellina, ti piacerebbe diventare Augusta?»

Naturalmente non le stavo proponendo un incesto. Pensavo di farla sposare con Licinio, l'Augusto d'Oriente.

Con il mio Augusto collega avevo sempre avuto buoni rapporti. I fratelli Bassiano e Senecio ci tenevano sempre in contatto. Per rafforzare la nostra alleanza gli offrii in sposa Costanza. Licinio fu ben lieto di accettare.

Il matrimonio fu celebrato a Mediolanum con grande sfarzo. Lo sposo era molto più grande della sposa ma era spesso così nei matrimoni

combinati. In ogni caso, Licinio a Costanza piacque. Il suo titolo e il suo potere le piacquero ancora di più.
Dopo la cerimonia gli altri miei fratellastri tornarono a Tolosa. Promisi a Teodora che avrei continuato a prendermi cura dei suoi figli. Più tardi li avrei anche chiamati a corte.

Alla nozze aveva assistito anche il vescovo Osio, ansioso che mantenessi le mie promesse ai cristiani.
In effetti avevo già convenuto con Licinio la necessità di riconoscere il cristianesimo come *religio licita*. In Occidente i cristiani erano solo una minoranza agguerrita ma in Oriente erano molti di più: addirittura la maggioranza in alcune città.
Licinio e io impiegammo un po' di tempo per trovare le espressioni giuste per l'Editto. Infine incominciammo con queste parole:

Noi, dunque Costantino Augusto e Licinio Augusto, essendoci incontrati proficuamente a Milano e avendo discusso tutti gli argomenti relativi alla pubblica utilità e sicurezza, fra le disposizioni che vedevamo utili a molte persone o da mettere in atto fra le prime, abbiamo posto queste relative al culto della divinità affinché sia consentito ai Cristiani e a tutti gli altri la libertà di seguire la religione che ciascuno crede, affinché la divinità che sta in cielo, qualunque essa sia, a noi e a tutti i nostri sudditi dia pace e prosperità...

Allora non pensavo che questo editto avrebbe cambiato la storia del mondo romano. Per me i cristiani erano solo una forza di cui tenere conto, per consolidare il mio potere.
Licinio invece capì che i cristiani potevano essergli utili contro Massimino Daia, con cui non intendeva più dividere l'Oriente. Daia aveva continuato a perseguitare i cristiani anche dopo l'ultimo editto di Galerio. Con l'editto di *Mediolanum*, Licinio era diventato di colpo il loro protettore.
Allarmato dall'alleanza matrimoniale tra me e Licinio, Daia decise di attaccare per primo. Passò lo stretto, occupò Bisanzio e marciò verso occidente. Il legittimo Augusto gli venne subito incontro e lo affrontò a *Tzirallum*.
Più tardi, per scimmiottarmi, Licinio disse che aveva fatto un sogno

in cui Dio gli aveva predetto la vittoria. In ogni caso vinse, forse aiutato dai legionari cristiani che lasciarono in massa Daia per passare dalla sua parte.
Massimino Daia fuggì a oriente. Troppo tardi cercò di riconciliarsi con i cristiani, cancellando i vecchi editti di Galerio. Abbandonato da tutti, l'ormai ex Augusto fuggì a Tarso, dove si tolse la vita.

Fu così, Eusebio, che il cristianesimo divenne la religione principale del mondo romano. Licinio ed io, come prima Tiridate in Armenia, facemmo una precisa scelta politica, per guadagnare l'appoggio dei tanti che credono in Cristo. Ora vorrei tanto crederci anch'io!

***

Mentre Licinio, completava la conquista di Siria e Egitto, io consolidai la mia autorità in tutto l'Occidente, da Treviri a Cartagine.
Tornai a Roma solo in poche occasioni, come l'inaugurazione del mio grandioso Arco. Il vescovo di Roma volle che presenziassi anche all'apertura al culto di una nuova grande chiesa, nella zona del Laterano, alla periferia della città.
Dedicai più tempo alla riorganizzazione delle province africane, da cui Roma dipendeva per gli approvvigionamenti di grano. Nel mio viaggio a Cartagine fui accompagnato dal vecchio amico Osio e dal mio nuovo collaboratore Volusiano che era stato proconsole d'Africa.
Cartagine portava ancora i segni del saccheggio subito dai soldati di Massenzio durante la ribellione del precedente *Vicarius* e accolse calorosamente il nuovo imperatore. Volusiano mi aiutò nella scelta del nuovo *Vicarius* e nella nomina dei nuovi governatori delle province di Africa, Numidia e Mauritania.
Osio mi presento il vescovo di Cartagine, Ceciliano, che era entrato in polemica con il vescovo numida Donato per il suo atteggiamento troppo indulgente con i *lapsi*, i preti che non avevano avuto il coraggio di affrontare il martirio, al tempo di Diocleziano. Io appoggiai la politica conciliante di Ceciliano e feci condannare Donato dal vescovo di Roma. Non potevo tollerare che tra i cristiani africani ci fossero divisioni e avevo ancora fresco il ricordo della povera Aspa-

sia che chiedeva perdono al suo Dio per non avere avuto abbastanza fede.

Ormai ero imperatore di tutto l'Occidente, dalle Colonne d'Ercole ai confini con l'Illirico.
L'appetito viene mangiando. Cominciai a domandarmi se la metà occidentale dell'impero romano mi bastava. Licinio probabilmente si fece la stessa domanda...

XVII

Treviri (A.D. 314 - 316)

Il mio primo diverbio con Licinio avvenne quando lui commise un atto crudele e inutile.

Tramite il mio luogotenente Bassiano, venni a sapere che alla corte di Massimino Daia erano stati trovati molti parenti dei precedenti Augusti. Insieme ai figli di Daia, ancora bambini, c'erano Prisca, vedova di Diocleziano, Valeria, sua figlia, e anche un tal Candidiano, figlio illegittimo di Galerio. Con loro c'erano anche Massimilla e il piccolo Massimiano.

Ricordando la promessa che avevo fatto a Massenzio mandai un messaggio a Licinio chiedendogli di consegnarmi Massimilla e suo figlio. Bassiano mi consegnò invece, per conto di Licinio, un'altra giovane donna che riconobbi a stento: era Zenobia, la concubina preferita del re persiano Narsete, quella che era stata portata via come preda di guerra da Galerio.

Zenobia mi raccontò in lacrime quello che era successo.

«Licinio ha fatto uccidere tutti! I bambini sono stati portati in cortile e sgozzati, come bestie al macello. Le donne le hanno violentare e uccise. Il mio povero Candidiano aveva 16 anni: hanno violentato anche lui prima di ucciderlo.»

Io mi sentii ribollire il sangue. Il piccolo Massimiano aveva quattro anni! Candidiano aveva l'età di mio figlio!

«Come mai hanno risparmiato te?»

«Licinio era curioso di conoscermi. Galerio gli aveva raccontato come mi aveva preso la prima volta durante quell'orgia in Armenia, quando fu concepito Candidiano.»

Ricordavo fin troppo bene quell'episodio.

«Candidiano era veramente figlio di Galerio?»

«Credo di sì. Avrebbe potuto anche essere figlio di Daia o di Severo, ma Galerio era convinto che fosse figlio suo.»

Mi venne allora un terribile dubbio ma lo ricacciai in fretta. Minervina aveva avuto perdite di sangue dopo quella terribile notte in Armenia. Crispo poteva essere solo figlio mio!

In ogni caso non potevo tenere con me Zenobia. Adesso non era più che l'ombra della bellissima donna che era stata. La sua vista mi avrebbe ricordato la strage che aveva ordinato Licinio e anche un altro vecchio episodio che volevo dimenticare. Diedi a Zenobia la libertà ma lei non sapeva dove andare. Pochi giorni dopo la trovarono morta in un *postribulum* di Treviri.
Mandai un messaggio indignato a Licinio. La sua risposta mi fece riflettere.
«Non fate l'ipocrita, *tracala*! Sai benissimo che quei bambini potevano essere usati contro di me e contro di te. Credi veramente che il figlio di Massenzio un giorno non avrebbe voluto vendicare suo padre? Non se la sarebbe presa con te o con tuo figlio? Ho fatto quel che si doveva fare. Dovresti ringraziarmi per essermi sporcato le mani al posto tuo!»

***

Un anno dopo il matrimonio di Costanza, ricevetti un messaggio del mio fratellastro Dalmazio che mi comunicava che sua madre era in fin di vita. I medici non capivano che malattia avesse. I medici non capiscono mai niente.
Corsi immediatamente a Tolosa ma potei soltanto darle l'ultimo saluto. Come mio padre, aveva aspettato fino all'ultimo per farsi battezzare. Mi confessò di avere sempre amato solo me.
«Ho fatto il possibile per essere una buona moglie ma pensavo a te anche quando facevo l'amore con tuo padre. I miei figli sono un po' anche figli tuoi.»
«Sono sempre mie fratelli. Ho promesso a mio padre di avere cura di loro e lo farò.»
«So che lo farai, ma un imperatore ha tanti nemici. Non permettere che facciano del male ai miei figli ti prego!»
«Nessuno toccherà i miei fratelli finché sono vivo. Te lo giuro!»
Teodora mi accarezzò prima le guance e poi il collo.
«Mi è sempre piaciuto il tuo collo, da uomo forte e risoluto. Lo stesso di tuo padre. Baciami *tracala*!»
La baciai con tenerezza sulle labbra e restai accanto a lei fino all'ultimo. Fu l'ultima volta che qualcuno mi chiamò *tracala*.

Fu anche l'ultima volta che piansi, Eusebio. Fino a oggi!

La morte di quella che era stata il mio primo e unico amore mi colpì più di quanto avrei immaginato.
Per amor suo, decisi di fare venire tutti i suoi figli a Treviri. Crispo fece subito amicizia con quelli che tecnicamente erano suoi zii.
Dalmazio aveva un carattere aperto e gioviale. Non aveva molto interesse per i classici greci e latini ma si rivelò molto portato per la carriera militare. Divenne presto il migliore amico di Crispo.
Giulio Costanzo era un tipo riflessivo, bravissimo nelle lettere ma negato per le armi.
Eutropia, la più piccola, aveva 11 anni. La affidai alle cure di mia madre, anziana ma sempre in gamba.
Anastasia, a sedici anni, era ormai in età da marito. La proposi come sposa a Bassiano, che era diventato il mio principale collaboratore. Bassiano fu onorato della mia offerta. Anastasia avrebbe preferito un marito Augusto, come sua sorella, ma finì per accettare di buon grado Bassiano: era di famiglia aristocratica, aveva una carica importante e fisicamente era ben messo, anche se molto più grande di lei.
Al matrimonio venne anche l'Augusta Costanza: portava in braccio il suo primo figlio, Liciniano, che aveva quasi un anno. Fausta guardava Costanza con invidia perché non riusciva diventare madre.

A 18 anni Crispo aveva imparato tutto quello che era possibile apprendere nella scuola di Treviri, ma per mio figlio volevo di più. Per completare l'istruzione di Crispo avevo fatto venire alla Domus Palatina, un precettore eccezionale: padre Lattanzio, detto anche il Cicerone cristiano.
Lattanzio sapeva difendere con vigore la dottrina cristiana contro le critiche dei i filosofi stoici ed epicurei. Le sue argomentazioni fecero breccia anche su mio figlio. Lo avvicinarono al cristianesimo molto più delle preghiere di Osio e degli altri preti che frequentavano la mia corte.
Un giorno mio figlio mi disse che voleva farsi battezzare. Io lo sconsigliai.
«Un giorno sarai anche tu un Augusto. Un imperatore deve regnare su tutti i suoi sudditi, non solo sui cristiani. Dovrai prendere le tue

decisioni da solo, non fare quello che ti dice un prete.»
Crispo finì per darmi ragione. Aspettò a battezzarsi ma continuò a frequentare la chiesa di padre Lattanzio e si fece molti amici tra i fedeli.
Fu anche per consiglio di Crispo che cominciai ad affidare a funzionari cristiani incarichi di sempre maggiore responsabilità. Dopo l'emanazione dell'Editto tanti insospettabili erano usciti allo scoperto. Alcuni appartenevano a famiglie importanti e la loro collaborazione mi fu molto utile.

***

In Oriente, Licinio con i cristiani si mostrò guardingo, anche con quelli che l'avevano aiutato contro Daia. Dei vescovi non si fidava ed era restio a restituire le proprietà confiscate da Diocleziano e Galerio.
Non poteva annullare l'editto che avevamo preparato insieme a *Mediolanum* ma lo interpretava nel modo più restrittivo, ostacolando con ogni cavillo la costruzione di nuove chiese e sacrificando lui stesso nei templi degli antichi dei. Non credeva nemmeno a Giove e Osiride ma li riteneva innocui.
I patriarchi di Antiochia e di Alessandria si lamentarono con il vescovo di Roma. Papa Silvestro mi pregò di intercedere con Licinio.
Io colsi l'occasione per mandare un messaggio di rimprovero a Licinio. Avevamo preparato insieme le nuove disposizioni a favore dei cristiani e insieme dovevamo applicarle.
Licinio reagì molto male. Bassiano mi riferì che non l'aveva mai visto così furioso. Mi mando a dire che mi dovevo occupare solo delle provincie mie. Ma usò un'espressione più volgare!
Ormai ero pronto per la guerra. Incaricai Bassiano di distogliere la maggior parte delle legioni sul Reno al confine con l'Illirico. Stavo per partire con lui, quando Crispo venne ad avvisarmi.
«Bassiano ci ha tradito. Si è messo d'accordo con Licinio. Vuole uccidere te e me.»

L'informazione veniva da Anastasia. La moglie era d'accordo con il marito. Aveva avuto però l'imprudenza di parlarne con il fratello

Dalmazio che stava per partire con me e Crispo per il fronte. Dalmazio era amico di mio figlio e lo aveva avvisato.
Più tardi, messa alle strette, Anastasia confessò che Bassiano era stato convinto a tradirmi dal fratello Senecio. La sorellina cercò di discolparsi.
«Io ho sentito solo dei brandelli di conversazione dietro la porta. Bassiano mi aveva raccomandato di tenere la bocca chiusa se volevo diventare Augusta come mia sorella...»
Dalmazio e Crispo mi supplicarono di risparmiare Anastasia. Io riflettei che senza un marito non poteva farmi nessun danno. Incaricai padre Lattanzio di trovarle un posto in un monastero.
Con Bassiano non volli nemmeno parlare. Lo feci uccidere senza clamore.
Mandai un messaggio a Licinio intimandogli di consegnarmi Senecio, fratello e complice di Bassiano.
Naturalmente rifiutò. Era la guerra.
Prima di partire per il fronte, ricevetti da Fausta almeno una bella notizia.
«Finalmente ci siamo! Sono incinta!»

Hai preso nota, Eusebio? Alcuni hanno insinuato che avrei montato tutta la storia del tradimento di Bassiano solo per avere un pretesto per attaccare Licinio.
Ridicolo! Sarei partito alla conquista dell'Oriente in ogni caso e non avevo bisogno di pretesti. Bassiano era veramente un traditore e ha fatto la fine che meritava.
Il fatto che mia moglie rimase incinta in quei giorni non ha influenzato in nessun modo la mia decisione. Io avevo già un figlio, degno erede di un grande impero. Era mia moglie che voleva che a ereditarlo fossero anche figli suoi. O magari solo figli suoi...

XVIII

Da Treviri a Nicomedia (A.D. 316- 324)

Alla guerra con Licinio ero pronto da molto tempo. Stavolta dovevo affrontare un abile comandante che conoscevo molto bene. Avevo combattuto per anni con lui. Conoscevo le sue qualità ma anche i suoi punti deboli. Naturalmente anche lui conosceva i miei difetti ma io, combattendo per anni sul *limes* del Reno, ero molto migliorato.
Al mio fianco c'era Crispo che, già a ventidue anni, si rivelò un ottimo vicecomandante. In posizione subordinata, Dalmazio era diventato il suo braccio destro. Giulio Costanzo rimase a Treviri: era un bravo ragazzo ma non era portato per la guerra.
Le mie legioni invasero immediatamente l'Illirico prendendo di sorpresa Licinio. Stavolta non ebbi bisogno di sogni premonitori. Sbaragliai le sue legioni a *Cibalae*, in Pannonia, e avanzai fino a occupare *Sirmio*. Molti legionari che avevo conosciuto nelle ultime campagne sul *limes* danubiano passarono dalla mia parte. Tanti cristiani, irritati dagli ultimi provvedimenti di Licinio, mi acclamarono come liberatore.
Proseguendo verso sud affrontai di nuovo Licinio a *Mardia*, in Tracia. Stavolta la battaglia fu incerta fino all'ultimo. La vittoria fu mia ma Licinio riuscì a ritirarsi tra i monti della Macedonia, con la maggior parte del suo esercito.
Nell'inverno sospendemmo le operazioni. Io non avevo intenzione ad esporci ad imboscate in montagna ma le legioni di Licinio soffrirono il freddo e la penuria di viveri più delle mie.
Iniziammo, a *Serdica*, lunghi negoziati di pace e alla fine l'Augusto d'Oriente cedette su tutto. Licinio mi cedette Pannonia, Illiria, Mesia, Macedonia e Grecia. In Europa gli rimase solo la Tracia oltre, naturalmente Asia minore, Siria ed Egitto.
In cambio Licinio ottenne solo la completa indipendenza del suo impero d'Oriente che restava notevole. Nominò come Cesare suo figlio Liciniano, che allora aveva solo due anni.
Per il mio impero d'Occidente nominai invece due Cesari: Crispo e il mio secondo figlio, appena nato: Costantino Secondo!

Il tanto atteso pargoletto volli chiamarlo Costantino come me. A casa prendemmo l'abitudine di chiamarlo Costantino Secondo, o anche solo Secondo.

Quel bambino era la gioia della casa. Anche a Crispo faceva piacere coccolarlo. Non era geloso perché il piccolo era stato nominato Cesare come lui. Sapeva che il titolo di Cesare per Secondo era simbolico ma per lui era effettivo. Stavo per affidargli importanti responsabilità.

Dopo le nuove annessioni, il mio impero comprendeva quasi tutto il *limes* danubiano. Dovevo fare costruire nuove fortificazioni contro i barbari, oltre che contro Licinio. D'altra parte non potevo lasciare il *limes* del Reno sguarnito. Così lo affidai a Crispo, il mio Cesare.

Naturalmente Crispo fu affiancato da altri tribuni più esperti ma era lui a prendere le decisioni finali.

Fu lui a difendere la Gallia dai Franchi e dagli Alemanni. Che imperatore sarebbe stato!

***

Negli anni successivi, passai la maggior parte del tempo sul *limes* danubiano, riconquistando anche parte della Dacia che era stata conquistata da Traiano e abbandonata da Aureliano. Feci costruire ponti sul Danubio e completare la *Ripa Sarmatica* al di là del fiume. Potenziai anche la flotta fluviale che si rivelò utilissima contro i barbari, Iazigi e Goti, e poi contro Licinio.

Sapevo che la pace con l'Augusto d'Oriente non sarebbe durata a lungo. Le mie spie mi riferirono che Licinio continuava a reclutare legionari e stava costruendo nuove grandi navi da guerra. Io non fui da meno. Aprii nuovi cantieri navali ad Aquileia, Tessalonica e al Pireo.

In guerra il controllo del mare è fondamentale e ormai le mie ambizioni non erano limitate all'Europa e all'Africa. Volevo anche Asia, Siria e Egitto. Volevo tutto!

Tornavo spesso a Treviri e ogni volta trovavo belle notizie. Dopo il lungo periodo di sterilità, Fausta si era messa a sfornare un figlio all'anno. Uno dopo l'altro nacquero Costanzo, Costantina e Costante.

Ero un padre felice e amavo coccolare i miei figli.
Anche Crispo continuava a darmi soddisfazioni. Mi fece anche nonno.
La ragazza che mio figlio volle sposare si chiamava Elena, come mia madre, ed era figlia di un tribuno macedone. Quando Crispo mi parlò di lei, provai a dissuaderlo.
«Non sei obbligato a sposarti. Elena è una bella ragazza ma è di famiglia modesta. Un Cesare potrebbe trovare di meglio.»
«Vorresti un matrimonio politico pure per me? Come hai fatto tu? Il nonno? Costanza? Anastasia? Le alleanze matrimoniali non servono a niente. Non è meglio che io sposi una donna solo perché la amo e voglio crescere con lei i miei figli?»
Ricordai la mia breve storia con Teodora e finii per dare il mio consenso. La cerimonia avvenne con il classico rito romano ma ci fu anche padre Lattanzio a dare la benedizione agli sposi.
La sposa aveva già la pancetta ma tutti fecero finta di non accorgersene. Mio nipote nacque quattro mesi dopo. Per non confonderlo con gli altri Costanzi e Costantini della famiglia, Crispo volle chiamarlo Cloro, secondo nome del nonno che aveva appena conosciuto.
Pochi mesi dopo, in previsione della guerra con Licinio, inviai Crispo in Italia e in Grecia per verificare l'allestimento della mia flotta da guerra. Le nuove navi erano pronte per la navigazione. La resa di conti con Licinio era vicina.

***

Il *casus belli* fu l'attraversamento del Danubio da parte di una tribù di Goti che devastarono i territori della Mesia inferiore, che faceva parte del mio impero. Quando me lo vennero a riferire, partii immediatamente da Tessalonica e affrontai i barbari. Le mie legioni li scacciarono facilmente dalla Mesia ma i goti si ritirarono in Tracia, senza incontrare nessuna resistenza dalle legioni di Licinio. Intervenni quindi anche in Tracia e ricacciai i Goti oltre il Danubio.
Ricevetti una messaggio sdegnato di Licinio che mi intimava di ritirare immediatamente le mie legioni dal suo territorio. Io gli risposi che, se lui non era capace di difendere i confini dell'impero romano dai barbari, dovevo per forza pensarci io!

Gli scambi di accuse tra noi due continuarono per mesi, che entrambi utilizzammo per prepararci alla guerra aperta. Alla fine attaccai io per primo sconfiggendo l'esercito di Licinio nei pressi di Adrianopoli. Le mie truppe occuparono tutta la Tracia. I resti dell'esercito di Licinio si rifugiarono dietro le fortificazioni di Bisanzio.
Licinio restava padrone di tutta l'Asia. Per andare oltre gli stretti dovevo vincere sul mare.
La mia flotta era stata affidata a Crispo che si rivelò un ottimo comandante anche in mare. In una battaglia navale sull'Ellesponto la flotta di Licinio fu completamente sgominata, permettendo alle mie legioni di sbarcare, senza incontrare resistenza, in Asia.
Licinio aveva perso in battaglia la maggior parte dei suoi veterani. Raccolse in Bitinia tutti gli uomini che poteva e mi affrontò di nuovo a *Crisopoli*. Stavolta la sua disfatta fu completa. Poco dopo si arresero anche i legionari assediati a Bisanzio.
Licinio si rinchiuse a Nicomedia. Dopo un lungo assedio la città si arrese.

Mia sorella Costanza mi scongiurò di salvare la vita al marito e al figlio Liciniano. Io volli darle ascolto. Permisi a Licinio di vivere come privato cittadino a Tessalonica ma incaricai agenti fidati di tenerlo d'occhio.
Come temevo, Licinio non poteva rassegnarsi a vivere nell'ozio dopo avere gustato per anni il potere supremo. Le mie spie mi segnalarono alcuni suoi incontri con personaggi strani, sicuramente barbari. Due di loro furono arrestati all'uscita della villa di Licinio. Sotto tortura, confessarono di essere emissari di un re dei Goti. Stavano prendendo accordi per invadere la Tracia mentre Licinio avrebbe chiamato a se i suoi ultimi fedeli.
A questo punto non avevo altra scelta che arrestare Licinio e metterlo a morte. Prima di salire sul patibolo mi fece un'ultima supplica.
«So che merito di morire ma salva almeno Liciniano. Mio figlio è ancora un bambino. Non ha fatto niente!»
Gli risposi freddamente.
«Farò quello che deve essere fatto. Me lo hai insegnato tu!»

XIX

Tra Nicomedia e Nicea (A.D. 325, 326)

Fu bello insediarmi al palazzo imperiale di Nicomedia come unico imperatore romano di Oriente e Occidente. Trentadue anni prima ero arrivato qui da Treviri pieno di timori. Abitavo in una misera stanza in un'ala secondaria del palazzo e guardavo con invidia Galerio e i suoi amici.
Ricordai anche il banchetto nuziale di Massenzio. I miei commensali in quel pranzo erano tutti morti: Massenzio, Massimilla, Galerio, Severo, Daia, Licinio... Anche Massimiano e Diocleziano erano morti: restavo solo io!
Fu gratificante prendere il posto di Diocleziano ma sapevo che Nicomedia non avrebbe mai potuto essere la mia capitale. Nicomedia è troppo lontana dal *limes* del Reno. Oltre tutto deve il suo nome a un antico re della Bitinia che, dicono, "sottomise" Cesare.
Avevo mandato Crispo e Dalmazio a Treviri, per tenere sotto controllo i barbari della Germania fino al mio ritorno. Nemmeno Treviri però poteva essere la capitale dell'intero impero romano.
Mia madre si era trasferita a Roma con mia sorella Eutropia. Roma era la capitale morale dell'impero ma io ci volevo stare il meno possibile.
Pensavo già a nuova capitale ma, prima di scegliere il sito adatto, dovevo risolvere i tanti problemi dell'Oriente lasciati in sospeso da Licinio. Primo tra tutti quello dei cristiani.

Sapevo che molti cristiani erano discordi sulla vera natura di Cristo. Era solo Dio? Era solo uomo? Forse era tutte e due le cose. Ma era più Dio o più uomo?
Il vecchio amico Osio cercò di spiegarmelo, a Nicomedia, ma mi confuse ancora di più le idee. Poi venisti tu, Eusebio, e mi facesti venire un gran mal di testa.
A me la questione se Cristo era più Dio, più uomo o nella stessa misura l'uno e l'altro era irrilevante. Purtroppo, per i miei sudditi cristiani, il quesito era importante e io non potevo ignorarlo.

Era essenziale risolvere il problema una volta per tutte. Avevo accettato il cristianesimo pensando che avrebbe consolidato l'impero romano. Non potevo permettere che vescovi di chiese diverse seminassero discordia, o addirittura fornissero a una provincia un pretesto per separarsi dal potere centrale. Era necessario che tutti i cristiani si mettessero d'accordo.
Su suggerimento di Osio, indissi io stesso un concilio, a Nicea. Furono invitati tutti i vescovi dell'impero romano di Oriente e di Occidente. Vennero anche i vescovi del regno di Armenia, che per primo aveva abbracciato il cristianesimo.
Gli invitati furono 1800. Vennero circa 300 vescovi.
Papa Silvestro, vescovo di Roma, non venne "per motivi di salute" ma mandò due suoi rappresentanti. Mia madre mi scrisse che il papa, come successore di Pietro, riteneva di avere autorità su tutti i preti cristiani, ma molti vescovi non erano d'accordo...

Nemmeno tu sei d'accordo, mi pare. Vero Eusebio? Io ho mai potuto sopportare l'atteggiamento di quel Silvestro. Ci mancherebbe pure che nell'impero ci fossero un capo politico e un capo religioso, sempre in lotta tra loro!

Nel concilio erano presenti soprattutto vescovi della parte orientale dell'impero. Osio era uno dei pochi venuti da occidente, insieme ai rappresentanti di papa Silvestro. Si parlava quasi soltanto greco. Ci furono problemi anche nella traduzione della parola greca *homooùsion* che in latino infine divenne *consubstantialem*.
Ci misi molto a capire che cosa si intendeva con quella parola. Se Padre e Figlio non erano fatti della stessa sostanza, Cristo non era Dio. D'altra parte un Cristo uomo, ma inviato da Dio, è un concetto molto più comprensibile, soprattutto per i profani come me.

All'inizio molti vescovi erano indecisi e ci furono violente discussioni. Il più esagitato del concilio era un prete africano, un certo Ario. Ricordo una sua frase.
«Dio è unico, eterno e indivisibile! Il Figlio di Dio, se è "generato", è venuto dopo. Quindi non può essere considerato Dio come il Padre!»
La replica di Osio fu immediata.

«Se il Figlio non fosse uguale al Padre non sarebbe nemmeno divino. Come avrebbe potuto risorgere? Come potrebbe redimere i nostri peccati?»
Asio scosse la testa.
«Solo Dio può redimere i nostri peccati! Questa vostra *homoousion* non ha senso! *Insanus stercus est!* Serve solo a confondere le idee ai fedeli per farvi sentire più importanti!»
Tutti i vescovi inorridirono. Fu a questo punto che il vescovo di Myra, un tal Nicola, si alzò dal suo seggio, affrontò Ario e lo prese a schiaffi.
«Come ti permetti di parlare così, sporco eretico?»
Un attimo dopo Nicola e Ario si stavano accapigliando. A stento Osio riuscì a separarli. Nicola poi si scusò.
«Chiedo perdono a Dio per avere usato la violenza. Davanti a certi insulti non riesco a trattenermi. Non sono un santo!»

Non sei d'accordo Eusebio? Beh col suo modo di fare Ario avrebbe fatto perdere la pazienza anche un santo! Ma anche tu Eusebio! Hai appoggiato Ario con tale veemenza da metterti contro tutti!

Alla fine i vescovi stabilirono, a grandissima maggioranza, che Cristo era della stessa sostanza del padre, generato non creato, nato dal padre prima di tutti i secoli. Questo concetto fu anzi dichiarato un dogma, verità di fede.
Ti confesso che forse io avrei votato a favore di Ario ma, non essendo cristiano, non potevo votare. Come imperatore mi interessava solo che il concilio mettesse fine a ogni discussione.
Purtroppo non è stato così.

Tu quoque, Eusebio, hai continuato a perorare la causa di Ario, ma una strano distinguo. Che mi avevi detto l'ultima volta che hai cercato di spiegarmelo? "Il Figlio è simile al Padre ma non per proprietà di natura, bensì per dono di grazia, nei limiti, cioè, in cui la Creatura può essere paragonata al Creatore".

Non ci ho capito niente. Temo che queste polemiche non finiranno mai.

XX

Da Nicomedia a Roma (A.D. 326-328)

Lasciai da parte i problemi dei cristiani per occuparmi di politica estera. Finora avevo combattuto contro barbari incivili. Ora dovevo affrontare i persiani, popolo di antica civiltà che ai Romani aveva dato in passato tanti grattacapi.
La pace negoziata più di trent'anni prima, tra Diocleziano e il re Narsete, non era durata a lungo. Anche Massimino Daia aveva combattuto contro i persiani, con alterne vicende.
Alla morte di re Ormisda, figlio di Narsete, a Ctesifonte ci fu una congiura di palazzo. Il figlio maggiore del re fu ucciso. Un altro figlio del re, un ragazzo di nome Ormisda, riuscì a fuggire con la madre e si rifugiò proprio alla mia corte, a Nicomedia.
Ormisda chiese il mio aiuto per recuperare il trono.
«Augusto Costantino, vengo a te come supplice! A Ctesifonte gli aristocratici hanno messo sul trono il mio fratellastro Sapore. Se mi aiuti a tornare sul trono restituirò a Roma tutta la Mesopotamia!»
Sapevo che dei persiani non ci si poteva fidare ma Ormisda, come ostaggio, poteva essere una merce di scambio. Lo feci alloggiare in un prigione dorata e incaricai Fausta di fare amicizia con sua madre. Ogni pettegolezzo di corte poteva essermi utile.
Intanto presi contatti con re Tiridate di Armenia, il primo ad essere venuto a patti con i cristiani nel suo paese. Negli anni successivi, quando era al potere Massimino Daia, il re aveva addirittura usato la croce come vessillo dei cristiani armeni contro i romani idolatri.
Mandai un messaggio a Tiridate ricordandogli la nostra vecchia amicizia e proponendogli l'alleanza di due nazioni ormai cristiane contro i persiani zoroastriani. Tiridate accettò con entusiasmo.

Stavo preparando una campagna contro la Persia quando Fausta mi venne a fare uno strano discorso.
«La tua prima moglie non era parente di Diocleziano?»
«Sì. Perché?»
«Ho parlato a lungo con la madre di Ormisda. Quando era ragazza

stava nell'harem di re Narsete. Mi ha detto che nell'harem c'era anche una certa Minervina, parente di Diocleziano. Era lei?»
«Sì. Era lei ma non mi piace che certe cose si sappiano in giro. Perché me lo chiedi?»
«Non so come dirtelo, ma nell'harem si diceva che Minervina era incinta quando fu catturata dai legionari di Galerio. Scusa ma... sei sicuro che Crispo sia figlio tuo? Non ti assomiglia per niente!»
Questa domanda mi fece incavolare. In effetti Crispo assomigliava soprattutto alla madre, che aveva un bel collo aristocratico, ma aveva qualcosa anche di me.
«Come ti permetti di fare certe insinuazioni? Crispo è figlio mio! Sua madre ha avuto perdite di sangue prima di avere con me il primo rapporto.»
«E allora? Si possono avere perdite di sangue anche nei primi due mesi di gravidanza. È successo anche a me. Dopo quanti mesi è nato Crispo?»
Mi pareva che fossero passati circa nove mesi ma non ricordavo con esattezza. Rimproverai aspramente Fausta, ma in me cominciò a insinuarsi un dubbio.
Decisi di richiamare Crispo da Treviri. Era bene che mio figlio stesse accanto a me nella campagna contro i persiani. Crispo avrebbe imparato qualcosa di più sull'arte della guerra e io avrei smesso di tormentarmi.

***

La spedizione in Assiria fu un successo. Il nostro esercito, con l'aiuto degli armeni, sconfisse nettamente quello persiano. Recuperammo tutti i territori che Galerio aveva conquistato e Daia aveva perso.
Crispo si riconfermò un ottimo comandante. Stando con lui quasi dimenticai le insinuazioni di Fausta. Crispo un po' mi assomigliava. Aveva la carnagione un po' più scura della mia ma non aveva niente di persiano.
Rappresentanti del re Sapore vennero a Nicomedia a trattare la pace. Provai anche a proporre di rimettere sul trono persiano il mio ostaggio Ormisda ma su questo i delegati di Sapore non vollero cedere. Dovettero accettare però i nuovi confini e pagare una pesante indennità di guerra.

Volli che Crispo prendesse parte alle trattative. Era bene che anche lui imparasse i tanti piccoli trucchi necessari per negoziare con nemici scaltri come i persiani.
Infine i persiani tornarono a Ctesifonte, lasciando a Nicomedia solo i mio inutili ostaggi: Ormisda e sua madre. Rimandai Crispo in occidente, in una nave diretta ad Aquileia, da cui avrebbe proseguito per Treviri.
Poco tempo dopo, Fausta mi portò un plico con il sigillo del re di Persia. Era diretto a Crispo ma lei l'aveva intercettato. Leggendo queste righe mi sentii gelare il sangue.

I mie delegati mi hanno riferito che anche tu hai il sangue dei re persiani. Son sicuro che tra cugini troveremo facilmente un accordo. Se tu ci restituisci i territori al di là dell'Eufrate noi ti aiuteremo a rovesciare quello che fino a poco tempo fa credevi tuo padre. Come dagli accordi presi a Nicomedia, noi attaccheremo appena tu ci darai il segnale.

Rilessi quel plico tante volte e ogni volta la rabbia saliva, i battiti del cuore aumentavano.
Crispo non era mio figlio. Crispo mi stava tradendo. Crispo preferiva mettersi d'accordo con un presunto cugino invece che con me, colui che per più di trent'anni lo aveva cresciuto e amato come un figlio.
Alla fine riuscii a controllarmi e feci l'unica cosa che mi sembrò razionale. Crispo doveva essere fermato prima che raggiungesse Treviri e mi mettesse contro le legioni a lui fedeli. Crispo doveva giustiziato immediatamente, dovunque si trovasse, senza clamore.

***

Crispo fu arrestato a Pola. La sua nave era stata costretta a fermarsi a *Tarsatica* e da lì l'ex Cesare cercava di raggiungere via terra la Gallia. Avevo dato ordine che Crispo fosse decapitato e che mi fosse portata la testa a Nicomedia. Non molto tempo dopo, insieme alla testa, ricevetti il suo ultimo messaggio. Esitai molto prima di aprire quel plico. Infine mi feci forza e lessi.

Temevo che questo momento arrivasse. Prima di partire, Fausta mi aveva avvertito. Mi aveva detto che tu pensavi che io non ero tuo figlio, che io volevo tradirti. Tua moglie mi aveva suggerito di scappare dalle mie legioni... Ma allora perché non mi hai fatto arrestare a Nicomedia? Forse è stata Fausta a metterti contro di me, inventandosi chissà che cosa. Dovevo parlarti, prima di partire, ma ho avuto paura.
In questi ultimi anni ti ho visto cambiare, il potere ti ha dato alla testa, vedi nemici dappertutto.
Hai fatto uccidere Bassiano, Licinio, perfino il piccolo Liciniano. Mi avresti creduto se ti avessi giurato che sono innocente?
Saresti capace di prendertela anche con mia moglie e mio figlio. Per fortuna ho fatto in tempo ad avvertirli. Non cercarli! Non li troverai mai e, in ogni caso, non ti daranno fastidio.
Prima di partire da Nicomedia mi sono fatto battezzare. Se è vero quello che dice padre Lattanzio, quando leggerai questa epistula io sarò in paradiso. Da lì pregherò Dio per la tua anima.

Feci bruciare la testa e rilessi la lettera. Non sembrava il messaggio di un colpevole che voleva fare venire al suo carnefice sensi di colpa. Feci venire da me la principessa persiana che aveva parlato con Fausta. Dopo un lungo interrogatorio, la donna finì per confessare che, da giovane, aveva solo sentito parlare di Minervina. Nessuno le aveva detto che era incinta. Questa possibilità le era solo stata suggerita da Fausta.
Più difficile fu fare confessare Ormisda. Sotto tortura, il principe ammise che aveva dato a Fausta il suo anello con il sigillo reale, in cambio della libertà. Feci giustiziare immediatamente il principe persiano e sua madre, ma nessuno mi avrebbe mai ridato mio figlio.
Restava naturalmente Fausta. Per lei una morte rapida era troppo poco. Quando seppe della morte dei suoi complici persiani, mia moglie mi supplicò di risparmiarla.
«*Miserere me!* L'ho fatto per i nostri figli! Sono ancora bambini! Hanno bisogno della loro madre!»
«Meglio orfani che con una madre come te!»
Nelle nostre terme private feci scaldare l'acqua del *calidarium* fino a farla bollire. Poi feci buttare nella vasca Fausta, nuda. Sentii le sue grida finché le cacciarono la testa sotto l'acqua.

Per Fausta e Crispo decretai la *damnatio memoriae*. Ma io non potrò mai dimenticare.

E' andata così Eusebio. So che alcuni hanno fatto ipotesi fantasiose su una presunta relazione tra Fausta e Crispo. Come hanno potuto pensarlo? Fausta non era più tanto bella e mio figlio non è mai stato tanto stultus. La colpa di tutto resta mia. Mea culpa, mea culpa, mea maxima culpa!

***

Non sapevo come raccontare tutto a mia madre. Era stata lei a crescere Crispo dopo la morte di Minervina. Lo amava come me, forse di più.
Un giorno mamma venne a trovarmi a Nicomedia. Quando me la ritrovai davanti non sapevo che dire. Lei non mi fece parlare. Mi chiese solo di organizzarle un pellegrinaggio in Terrasanta.

L'hai accompagnata tu, Eusebio! Sei stato tu farle trovare la Vera Croce? Magari anche a organizzare un miracolo? Non voglio saperlo! In ogni caso l'hai resa felice!

Un anno dopo ero a Roma. Ero accanto a mia madre quando morì. Mamma era assistita da preti e suore che piangevano. Io non riuscii a piangere. Negli occhi di mia madre leggevo un rimprovero che, da viva, non ebbe mai il coraggio di farmi.
Mia madre era una brava donna. Se avesse creduto negli antichi dei l'avrei fatta divinizzare.
Voi preti potreste almeno farla santa? Lei se lo merita. Ma a nessuno di voi venga in mente di fare santo me!

XXI

Da Roma a Costantinopoli (A.D. 329-336)

Quando Fausta morì, i miei figli avevano un'età tra 7 e 11 anni. Sono cresciuti senza madre, senza nonni e con un padre che si curava poco di loro. Un po' per i miei soliti affari di stato ma anche perché nei loro occhi vedevo Fausta, la donna che mi aveva fatto uccidere il mio figlio prediletto.

Costantino Secondo, Costanzo, Costantina e Costante passarono dall'infanzia all'adolescenza tra schiave amorevoli e precettori boriosi, desiderosi più di guadagnare meriti davanti a me e ai miei figli che dare a loro una buona educazione.

Stranamente mi trovavo meglio con i miei fratellastri, che feci venire prima a Nicomedia e poi a Costantinopoli. Ero legato soprattutto a Dalmazio, che era stato il miglior amico di Crispo. Forse lui sapeva dove erano nascosti la sua vedova e mio nipote ma decisi di lasciarli in pace. A Crispo almeno questo lo dovevo.

A Dalmazio volli dare incarichi di responsabilità. Seppe domare con risolutezza una rivolta a Cipro. Seppe anche mediare le controversie tra voi cristiani: tra quelli, come il vescovo Atanasio, che difendono ogni parola del Credo stabilito a Nicea e quelli come te, Eusebio, che ancora lo mettono in discussione.

Giulio Costanzo non era in gamba come Dalmazio ma era comunque intelligente e fidato. A lui diedi incarichi onorifici ma non di grande rilievo.

Dalmazio e Giulio Costanzo cercarono invano di avere buoni rapporti con i miei figli, loro nipoti. Costantino Secondo, Costanzo e Costante furono sempre freddi con i loro zii. Solo Costantina non li respinse. Crescendo fece anche amicizia con i loro figli, suoi cugini.

***

E' incredibile come gli anni passino in fretta quando si comincia a diventare anziani. In questi ultimi anni mi sono occupato soprattutto della mia nuova capitale.

Alla fine scelsi il sito di Bisanzio. La città ha sempre avuto una invidiabile posizione strategica, sullo stretto che la separa dall'Asia. Nella fortezza di Bisanzio, i soldati di Licinio seppero resistere validamente al mio assedio e si arresero solo quando capirono che il loro Augusto non aveva più speranze. Con fortificazioni adeguate la città sarebbe stata praticamente imprendibile.

Bisanzio per me era particolarmente cara: era la città dove si conobbero mio padre e mia madre, il luogo dove mamma gestiva la *taberna* e la *stabula* in cui io stesso sono stato concepito.

Alla nuova città volli dare il nome di *Nova Roma* per ufficializzare il passaggio di poteri dalla Roma della repubblica e dei primi Cesari alla nuova capitale. Roma per me era un remoto passato, oltre che la città di Massenzio. *Nova Roma* il futuro!

Nella cerimonia di fondazione io stesso, come *pontifex maximus*, tracciai con una lancia il *pomerium*, perimetro sacro delle mura. Alcuni preti mi hanno rimproverato per avere riesumato una pratica del tempo degli antichi dei. Io ribattei che questa cerimonia propiziatoria non era diretta a un dio particolare. Poteva andare bene anche per i cristiani.

Nella *Nova Roma* feci anche costruire un Foro con al centro un grande colonna con una mia statua. Vi feci installare anche un grande *Milion*, il nuovo centro dell'impero, la pietra miliare da cui misurare tutte le distanze. Nel Foro fu edificata anche l'aula del nuovo Senato, sede di illustri patrizi senza nessun potere reale.

Impiegarono più tempo a costruire il Circo, non meno maestoso del Circo Massimo di Roma e, naturalmente, il mio nuovo palazzo imperiale.

Una volta messo in chiaro che la mia nuova capitale sostituiva Roma in tutto e per tutto, cominciai a fare chiamare la mia città con il nome che avevo avuto in mente fin dal principio: Costantinopoli!

Chiamatela pure vanità, ma ad altri imperatori fece piacere chiamare città con il proprio nome. Non lontano da Costantinopoli c'è la meno importante Adrianopoli. Alessandro Magno fece chiamare molte città con il suo nome ma solo Alessandria d'Egitto è diventata una città importante.

Non feci nessun cambio di nome ufficiale. Feci solo circolare a poco a poco il nome Costantinopoli, tra l'altro più facile da pronunziare, in greco.

Spero che a nessuno, in futuro, venga in mente di cambiare di nuovo il nome a quella che sarà sempre la mia città.

***

Dicevo che questi ultimi anni sono passati in fretta.
Ho riformato e reso più efficiente l'esercito. Ho snellito la pubblica amministrazione. Ho difeso le frontiere dell'impero.
Da quando sono unico imperatore di Oriente e Occidente i barbari al di là del Reno e del Danubio sono diventati più prudenti. Oltre il Danubio, protetti dalle nuove fortificazioni, sono tornati anche alcuni coloni della Dacia romana.
Restano minacciosi i persiani. Quel maledetto popolo è diventato la mia ossessione. Li ho incolpati per anni della morte di Crispo ma in cuor mio ho sempre saputo che la colpa è stata solo di Fausta, anzi solo mia!
In ogni caso dovevo incolpare qualcuno. Organizzai una nuova spedizione, mirata non ad acquisire qualche provincia di confine ma a distruggere l'impero persiano, seguire le orme di Alessandro Magno fino in India. Avevo fatto tutti i preparativi ma, come successe anche a Traiano, mi ammalai.
Così mi sono fatto riportare a Costantinopoli. E qui, caro Eusebio, ti sto raccontando la mia vita

XXII

Costantinopoli (A.D. 337)

Temo proprio che quest'anno sarà per me l'ultimo. Morirò nell'anno 1090 Ab Urbe Condita, 7 anni dopo la fondazione di Costantinopoli, a 63 anni.
I medici non sanno spiegare perché alcune persone, come mia madre, vivono oltre ottant'anni e tanti altri muoiono prima. Nemmeno voi preti sapete spiegare quella che voi dite che è la volontà di Dio.
Io ripenso spesso a quello che sarebbe potuto succedere se non avessi creduto ciecamente al documento falso che mi fece vedere Fausta. Avrei potuto richiamare Crispo a Nicomedia invece di farlo giustiziare a Pola. Avrei potuto costringere quel principe persiano a dire la verità prima che fosse troppo tardi. Anche Fausta si sarebbe salvata. Le avrei dato una punizione esemplare ma i miei figli non sarebbero rimasti orfani.

Oggi Crispo avrebbe 40 anni e sarebbe stato pronto a prendere il mio posto. Avrebbe ereditato da me l'intero impero. Avrei lasciato a Crispo la scelta di chi, tra gli altri miei figli e nipoti, meritasse di essere nominato Cesare, per dividere con lui il comando e le responsabilità.
Adesso Crispo non c'è più. Mi rimangono tre figli maschi, di età tra i 18 e i 21 anni, nessuno in grado di prendere in mano le redini dell'impero.
Potrei sbagliarmi. Conosco così poco i miei figli!
Costantino, Costanzo e Costante mi odiano, perché ho ucciso la loro madre. Odiano anche gli zii Dalmazio e Giulio Costanzo, perché do più importanza ai miei fratelli che a loro. Odiano ancora di più i loro cugini Dalmazio junior e Annibaliano, figli di Dalmazio, perché temono che io lasci a loro una parte dell'impero.
Costantina ha sposato suo cugino Annibaliano. I matrimoni politici non danno nessuna garanzia ma spero che questo avvicini almeno i miei figli ai loro cugini.
Giulio Costanzo ha due figli: Gallo e Giuliano. Sono ancora bambini e io non li vedrò crescere. Non saprò mai se hanno delle qualità.

Da molto tempo non vedo le mie sorelle. Costanza non mi ha mai perdonato per la morte di suo figlio, Eutropia si è sposata con un senatore e vive a Roma. Quanto a Anastasia... una volta ho ricevuto una sua *epistula* da un monastero di Roma. L'ho bruciata senza leggerla.

Lascio a te, Eusebio, una copia del mio testamento. C'è anche un ricco lascito per la tua Chiesa e per te in particolare, che mi hai dato un po' di conforto in questi ultimi anni.
Alla mia morte l'impero sarà diviso tra i miei figli Costantino, Costanzo e Costante. Anche i miei nipoti Dalmazio e Annibaliano ne avranno una parte: sono molto giovani ma avranno il loro padre ad assisterli.
So che questa non è la soluzione ottimale ma non ne vedo altre. Spero solo che non finiscano tutti quanti ad ammazzarsi tra loro.

Ora è giusto che io pensi alla mia anima, se ne ho davvero una.
Pensi davvero, Eusebio, che Dio mi perdonerà per tutto quello che ho fatto?
Se sono pentito? Per la morte di Crispo e Fausta sicuramente sì.
Crispo si era fatto battezzare. Mio figlio mi ha promesso che da lassù avrebbe pregato Dio per la mia anima. Se battezzandomi posso raggiungerlo e chiedergli perdono, dammi il battesimo, Eusebio!
Non mi importa se con il rito cattolico o ariano. Credo che nemmeno per Dio faccia differenza.

Epilogo

Dal Messaggero del 30 febbraio 2020

Ha fatto molto scalpore la notizia del ritrovamento nell'Archivio Segreto del Vaticano di un antico manoscritto, che conterrebbe le memorie dell'imperatore Costantino. Il documento è stato attribuito a Eusebio di Cesarea, noto autore della *Historia Ecclesiastica* e della *Vita Constantini*.

Alcuni episodi descritti in questo documento sono riportati anche negli scritti conosciuti di Eusebio. Molti altri sono resi noti per la prima volta e getterebbero una nuova luce sull'imperatore più amato e più odiato di tutta la storia romana.

Ambienti vicini al Vaticano ritengono il documento un falso. Fanno notare, tra l'altro, che gli stralci riportati in alcuni giornali sono in un italiano modernissimo. Nessuna anticipazione è stata data del presunto testo originale latino.

Altri suggeriscono che il documento sia pura fantasia. Sarebbe opera di uno scrittore che spera di interessare almeno qualche lettore con il suo romanzo. Lo ha intitolato "Io Costantino".

Appendice 1

Storia e fantasia

In questo romanzo accanto a personaggi di mia invenzione compaiono molti personaggi storici.
Mi sembra utile mettere qui alcuni chiarimenti.

Eusebio di Cesarea è considerato uno dei dottori della Chiesa, anche se era simpatizzante di **Ario**. È autore della *Historia Ecclesiastica* e della *Vita Constantini*, da cui sono stati tratti molti episodi di questo romanzo.

Papa Silvestro I fu vescovo di Roma dal 314 al 335. Successe a **Milziade**, papa dal 311. Allora il vescovo di Roma aveva solo un primato morale sugli altri vescovi, non da tutti riconosciuto. Al concilio di Nicea mandò due suoi delegati. **Costantino** ebbe pochi contatti con lui. La famosa "donazione di Costantino" in cui il papa avrebbe ricevuto dall'imperatore Costantino il potere temporale sull'Occidente è un clamoroso falso, scritto forse al tempo di Carlo Magno.

Papa Giulio I era vescovo di Roma nel 337, l'anno in cui morì Costantino. Il suo pontificato è ricordato soprattutto per la ferma posizione che prese per la questione ariana.

Osio fu vescovo di Cordova ed ebbe sicuramente influenza su **Costantino**. Non è sicuro che si fossero conosciuti prima del 312. Che abbia conosciuto prima anche **Costanzo Cloro** è solo un'ipotesi romanzesca. Partecipò al concilio di Nicea e fu tra i promotori della versione del Credo che ancora oggi è recitata dai cattolici.

Costanzo Cloro è stato prima Cesare e poi Augusto dell'impero romano di Occidente. Secondo **Eusebio** di Cesarea sarebbe stato segretamente cristiano.
Da **Elena** ebbe il figlio **Costantino**, Da **Teodora** ebbe i figli **Dalmazio, Giulio Costanzo, Costanza, Anastasia, Eutropia**.

Flavia Giulia Elena, madre di **Costantino**, è oggi conosciuta come Sant'Elena. Dicono che abbia gestito una *taberna* e una *stabula* ma si ignora dove. Nessuno sa come e dove conobbe **Costanzo Cloro**. Che si siano conosciuti a Bisanzio è solo un'ipotesi romanzesca. Sembra che Elena sia stata sempre in contatto con il figlio ma non si sa se abbia aiutato Costantino a fuggire da Nicomedia. Negli ultimi anni visse a Roma.

Flavia Massimiana Teodora è indicata da alcune fonti come figlia di **Massimiano**, da altre sua figliastra. Nel romanzo si è preferito indicarla come sua figlia. Niente si sa della madre di Teodora. Sposò **Costanzo Cloro**. Era circa coetanea di **Costantino** ma il suo amore giovanile con il futuro imperatore è solo un'ipotesi fantasiosa del romanzo. Dopo la morte del marito, visse con i figli a Tolosa ma si ignora quando morì.

Marco Aurelio Valerio Massimiano fu nominato dall'imperatore **Diocleziano**, come collega, Augusto di Occidente.
Costretto a dimettersi, fu richiamato al potere da figlio **Massenzio** ma poi entrò in contrasto con lui e dovette lasciare Roma. Fu promotore del matrimonio di sua figlia **Fausta** con **Costantino** ma poi si rivoltò contro il genero. Morì impiccandosi a Marsiglia.
La sua condotta licenziosa e la sua predilezione per le vergini è raccontata dallo scrittore cristiano **Lattanzio**. Che tra le vergini deflorate ci sia stata anche sua figlia Fausta è solo un'ipotesi romanzesca.

Marco Aurelio Valerio Massenzio, figlio di **Massimiano** e di **Eutropia**, si fece proclamare Augusto dai pretoriani.
Fu l'ultimo imperatore residente a Roma. È passato alla storia soprattutto come l'avversario di **Costantino**, da cui fu sconfitto definitivamente nella battaglia di Ponte Milvio.
Nel romanzo è presentato come amico d'infanzia di Costantino ma questa è solo un'ipotesi romanzesca. Nessuna fonte storica parla dei suoi incontri con Costantino, da ragazzo o da adulto.
Ebbe da **Massimilla** il figlio **Romolo**, morto giovanissimo. Niente si sa del suo secondo figlio né che fine abbia fatto. Nel romanzo sono solo state fatte delle ipotesi.

Caio Galerio Valerio fu nominato da **Diocleziano** prima Cesare d'Oriente e poi Augusto. Come Cesare si distinse nella guerra contro i persiani. Durante questa guerra fu effettivamente catturato l'harem di re Narsete ma su quello che successe dopo si possono fare solo ipotesi, come quella del romanzo. Galerio fu amico di **Severo** e di **Licinio**, zio di **Massimino Daia**, avversario di **Costantino**, nemico di **Massenzio**, a cui pure aveva fatto sposare sua figlia **Massimilla**. Ebbe un altro figlio illegittimo, **Candidiano**, di cui si ignora la madre. **Zenobia** è un personaggio di fantasia.
Fu acerrimo nemico dei cristiani.

Flavio Severo fu compagno d'armi e amico di **Galerio** che lo fece nominare prima Cesare d'Occidente e poi Augusto. Combatté contro **Massenzio** ma fu sconfitto, fatto prigioniero e poi ucciso.

Massimino Daia era figlio di una sorella di **Galerio** che lo nominò Cesare d'Oriente. Alla morte di Galerio, Daia divenne Augusto dividendo con **Licinio** l'Oriente. Combatté con alterne vicende i persiani. Successivamente Daia entrò in guerra contro Licinio e fu sconfitto. Morì a Tarso, lasciando Licinio padrone di tutto l'Oriente. Come lo zio, fu acerrimo nemico dei cristiani.

Publio Flavio Licinio fu compagno d'armi e amico di **Galerio** che lo fece nominare Augusto a Carnuntum. Non si sa se sia stato anche compagno d'arme del giovane **Costantino**. Successivamente si alleò con Costantino sposando sua sorella **Costanza** e firmando con lui l'Editto di Milano.

Dopo avere sconfitto **Massimino Daia**, fece uccidere, **Candidiano**, figlio di Galerio, e tutti gli altri discendenti degli Augusti rifugiati alla corte di Daia. Che tra le vittime ci siano stati anche il figlio e la vedova di **Massenzio** è solo un'ipotesi romanzesca.

Insieme al suo ufficiale **Senecio**, probabilmente convinse **Bassiano**, marito di **Anastasia**, a tradire Costantino. Nella successiva guerra contro Costantino fu sconfitto, fatto prigioniero e poi ucciso, insieme al figlio **Liciniano**.

Minervina fu probabilmente parente dell'imperatore **Diocleziano**, ma storicamente non è accertato. Non risulta che sia mai stata in Siria, come immaginato nel romanzo. Sicuramente sposò **Costantino** e fu madre di **Crispo**. Si ignora quando morì.

Crispo fu il primo figlio di **Costantino**. Si dimostrò un valido combattente e un buon comandante prima contro Franchi e Alemanni e poi contro **Licinio**. Non è chiaro perché Costantino lo fece uccidere, nel 326. Tanti dissero che Crispo ebbe una relazione con la matrigna **Fausta** ma io lo ritengo improbabile, improponibile perfino in un romanzo. Più probabile che Fausta abbia convinto Costantino che Crispo lo tradiva. Che Crispo sia stato accusato di complottare con i persiani è solo una invenzione romanzesca, avallata però dalla presenza del principe persiano **Ormisda** a Nicomedia in quel periodo. Crispo ebbe una moglie e un figlio di cui si ignora la sorte.

Fausta fu figlia di **Massimiano**, sorella di **Massenzio**, seconda moglie di **Costantino**, madre di **Costantino II, Costanzo II, Costante e Costantina**. A Marsiglia avvertì il marito del tradimento del padre Massimiano. Fu fatta uccidere da Costantino quando l'imperatore scoprì che la moglie aveva accusato ingiustamente **Crispo**, per favorire la successione dei suoi figli.

Lattanzio fu precettore di **Crispo**. È conosciuto anche come autore del *De mortibus persecutorum*, opera storica considerata da molti poco attendibile perché troppo sfacciatamente di parte cristiana.
Alcuni martiri cristiani sono citati anche in questo romanzo. **Ireneo** e **Demetrio** sono presenti nei martirologi, ma di loro si sa ben poco. **Aspasia** è un personaggio di fantasia, introdotto come esempio dei tanti *lapsi* che non ebbero il coraggio di affrontare il martirio ma poi chiesero di essere riammessi nelle comunità cristiane.

Tiridate fu re dell'Armenia. Educato a Roma fu all'inizio nemico dei cristiani. Fece imprigionare e torturare il vescovo cristiano **Gregorio**, detto l'Illuminatore. Nel 301 cambiò radicalmente le sue posizioni facendo diventare il cristianesimo religione di stato, in Armenia. In questo romanzo si è ipotizzato che si sia "convertito" per avere l'appoggio dei suoi sudditi cristiani contro i persiani.
La Chiesa armena lo venera come santo!

Croco storicamente è l'ufficiale che incitò le legioni della Britannia a proclamare **Costantino** imperatore. Di lui non si sa altro. Che abbia anche accompagnato Costantino da Bisanzio a Eboracum è solo un'ipotesi romanzesca.

Caio Cecinio Rufio Volusiano, era prefetto del pretorio quando **Massimiano** si ribellò al figlio **Massenzio**. Con tutti i pretoriani appoggiò Massenzio costringendo Massimiano a lasciare Roma.
Sua figlia **Rufia** è un personaggio di fantasia. L'episodio del suo stupro è stato inventato per dare un motivo alla definitiva rottura tra Massenzio e Massimiano.
Volusiano fu poi nominato da Massenzio *praefectus urbis*, quindi console. Dopo la morte di Massenzio, **Costantino** lo nominò per la seconda volta *praefectus urbis*.

Manilio Rusticiano era prefetto del pretorio quando Massenzio morì. Si ignora la sua sorte. Che Massenzio abbia affidato proprio a lui le insegne imperiali è solo un'ipotesi romanzesca.

Gaio Aurelio Valerio Diocleziano è stato un imperatore discusso, odiato dagli storici cristiani e rivalutato dai "laici". Ricompattò l'impero dopo decenni di "anarchia militare" ma poi ebbe la pessima idea di dividerlo, con una tetrarchia che non funzionò. Gli stessi storici cristiani però concordano nell'attribuire a **Galerio** la paternità dei tanti editti anticristiani emessi da Diocleziano.
Diocleziano fu l'unico imperatore romano a ritirarsi volontariamente. Sulle rovine del suo palazzo è stata costruita l'odierna città di Spalato (Split in croato).

Flavio Valerio Costantino è un personaggio molto discusso, generalmente lodato dagli storici cristiani e biasimato dai "laici", a partire da Edward Gibbon. In questo romanzo si è cercato di svelare il suo lato umano.
Alcuni episodi qui inventati, come il suo amore per **Teodora** e la sua inziale amicizia con **Massenzio**, non sono inverosimili. Per la morte di **Crispo** e **Fausta** si è voluto dare una spiegazione se non probabile almeno comprensibile, da un punto di vista emotivo.
Costantino si fece battezzare solo in punto di morte. Il suo maggior merito (o demerito a seconda dei punti di vista) fu l'emissione dello storico Editto di Milano e l'avere capito che il Cristianesimo, per l'impero, poteva diventare un motivo di unione invece di disgregazione.
Costantino promosse il Concilio di Nicea prima ancora di farsi cristiano. Al Concilio intervennero, tra gli altri, **Osio, Eusebio, Ario** e **Nicola**, oggi noto come San Nicola di Bari, che, secondo una tradizione, avrebbe preso a schiaffi Ario.
Per la Chiesa ortodossa Costantino è un santo!
In questo romanzo si voluto ritrarre un Costantino che, in punto di morte, sente la necessità di un riscatto. Ammette le sue colpe e si affida a un Dio a cui non è sicuro di credere ma che almeno gli dà una speranza.

***

Dopo la morte di Costantino, nel 337, un gruppo di ufficiali uccise gli altri figli maschi di **Costanzo Cloro** e alcuni suoi nipoti. Morirono **Dalmazio**, con i figli **Dalmazio junior** e **Annibaliano**, e **Giulio Costanzo**. Si salvarono solo i figli di Giulio Costanzo, **Gallo e Giuliano**, ancora bambini, che furono poi affidati a **Eusebio**. Ispiratore dell'eccidio fu probabilmente **Costanzo II** ma anche i suoi fratelli ne furono complici.

L'impero fu infine diviso **tra Costantino II, Costanzo II e Costante**. Segui un periodo di guerre fratricide alla fine delle quali Costanzo II uscì vincitore.

Alla morte di Costanzo II salì al trono il nipote Giuliano, quello scampato alla strage del 337 e successivamente affidato a Eusebio.

Giuliano fu poi chiamato **l'Apostata**, perché cercò di restaurare l'antica religione. Come tutti sanno non ci riuscì. Anzi nel 380, con un decreto del successivo imperatore Teodosio, il cristianesimo divenne addirittura religione di stato.

Giuliano ha, come ammiratori, tutti i detrattori di Costantino. Su di lui si potrebbe scrivere un romanzo come questo. Ma non lo scriverò io!

Appendice 2

Nomi ed espressioni latine e greche

A

Alexandria Scabiosa: antico nome di Alessandretta (in turco Iskenderun)

Amor patriae nostra lex: L'amore della patria è la nostra legge

Antiochia: antica grande città della Siria, ora ridotta alla cittadina turca di Antakya

Augusta Taurinorum: Torino

Aquincum: nome latino di Buda, parte occidentale di Budapest.

Ariminum: Rimini

B

Baia: Città della Campania oggi in parte sommersa (oggi comune di Bacoli)

Bononia: Bologna

C

Caletum: nome latino della città francese di Calais

Calidarium: la zona più calda delle terme

Callinicum: Antica città della Siria, oggi chiamata Al-Raqqa

Cibalae: antico nome della città croata Vinkovci

Carnuntum: nome latino di Petronell-Carnuntum, Austria

Casus belli: evento che scatena una guerra

Cave!: Attento!

Cinaedus: omosessuale

Constantia: nome latino della città tedesca di Kostanz, sul lago di Costanza

Crisopoli: antico nome di Scutari, oggi quartiere asiatico di Istanbul

Ctesifonte: antica città, capitale del regno dei Parti, non lontano da Bagdad

Culum: culo

Cum manu: Matrimonio dove il padre cede la mano, cioè la potestà della figli, allo sposo

Cunnus: vagina: rivolto a un uomo era il peggiore degli insulti

D

Dacia: provincia romana, conquistata da Traiano, corrispondente circa all'odierna Romania

Damnatio memoriae: Cancellazione dei documenti che ricordano un personaggio sgradito.

Domus: casa

Donatio: donazione

Dubris: nome latino di Dover, porto inglese

Dyrrachium: Nome latino di Durazzo, porto dell'Albania

E

Eboracum: Nome latino di York

Ellesponto: Antico nome dello stretto di Dardanelli

Elvira: antico nome di Granada, Spagna

Emerita Augusta: Antico nome di Merida, Spagna

Epistula: lettera

Es stultior asino! : Sei più scemo di un asino!

Est in canitie ridicula Venus! : È ridicolo l'amore in tarda età!

F

Fanum Fortunae: Fano (marche)

Fili mi! : Figlio mio!

Futuere: fottere

Futue te ipsum! : fottiti!

G

Gens: Famiglia patrizia

Gratiam ago!: Grazie!

H

Hispania: Spagna

Homooùsion: della stessa sostanza

Horti: Giardini

Hostis publicus: nemico pubblico

I

In hoc signo vinces! : Con questo segno vincerai!

Insanus: pazzo

Insigna imperii: insegne imperiali. Quelle di Massenzio sono state recentemente ritrovate.

L

Laundinium: nome latino di Londra

Limes: confine fortificato dell'impero romano. Seguiva il corso del Reno e del Danubio

Lugdunum: nome latino di Lione

Lupanares: case per prostitute

M

Magister: maestro

Mardia: antico nome della città di Harmanli, in Bulgaria

Massalia: nome latino di Marsiglia

Mea culpa, mea culpa, mea maxima culpa: frase di pentimento cristiana

Mesia: regione storica ora parte della Serbia

Mentula: minchia

Meretrix: prostituta

Miles gloriosus: soldato fanfarone

Miserere me! Abbi pietà di me!

Mors tua vita mea: morte tua vita mia, modo di dire latino usato anche oggi

Mos maiorum: Usi degli antenati

N

Naissus: antica città sul luogo dell'attale Nis, in Serbia

Nemo dimittat: Nessuno arretri!

Nicaea: Nome latino di Nizza

Nicea: antica città dell'Asia minore, nel luogo della odierna città turca Iznik

Nicomedia: antica città dell'Asia minore, nel luogo della odierna città turca Izmit

Nisibis: antica città dell'Assiria, ora in Turchia con il nome di Nusaybin

Norico: provincia romana corrispondente circa all'odierna Austria

O

Onagrinum: antica città sul luogo dell'attuale Bečej, in Serbia

Ordinem servate!: Mantenete l'ordine!

P

Paedagogus: insegnante privato per ragazzi

Panem et circenses: Pane e giochi nel Circo, formula con cui gli imperatori teneva buona la plebe

Pannonia: provincia romana, ora parte dell'Ungheria

Pulcherrima: bellissima

Postribulum: casa per prostitute

Prandium: pranzo

R

Raetia: regione oggi tra Svizzera e Germania

Regina viarum: regina delle strade. Così era chiamata la Via Appia.

Religio licita: religione permessa

Regium Lepidi: Reggio Emilia

S

Salona: antica città della Dalmazia, vicino all'attuale Spalato
Serdica: antico nome di Sofia, capitale della Bulgaria
Sirmio: antica città della Pannonia, sul luogo dell'attuale Sremska

Mitrovica in Serbia
Speculator: esploratore
Stabula: stalla
Stercus: merda
Stultitia: stupidaggine
Stultus: stupido

T

Taberna: locanda, osteria

Tarsatica: antico nome di Fiume, oggi in Croazia

Tarso: antica città, nota soprattutto come patria di San Paolo. Oggi è la città turca Tarsus

Tata: babbo, papà

Tota tua sum! : sono tutta tua!

Treviri: Città della Germania oggi al confine con il Lussemburgo, in tedesco Trier

Tribunus Militum: ufficiale di una legione

Triclinium: sala da pranzo

Tu quoque... Anche tu...

Tzirallum: citta della Tracia, oggi Turchia europea, vicino a Adrianopoli, l'attuale Edirne

U

Ubi tu Gaius ibi ego Gaia: Formula rituale di una cerimonia nuziale con cui la sposa giurava fedeltà allo sposo

V

Vexillum: insegna di una legione

Vindobona: Nome latino di Vienna!

Vicarius: governatore di una delle diocesi (regioni) in cui Diocleziano aveva diviso l'impero

Appendice 3

Un piccolo dettaglio

Sono un po' nervoso mentre entro nella cabina della Cronocabina. Il professore cerca di dissipare i miei dubbi.

«Farai un salto indietro nel tempo di soli 30 anni. Ti ritroverai nella stessa stanza in cui sei adesso. Potrai uscire in strada per vedere la città com'era nel 1981.»

«A me interessare solo tornare. Posso premere subito il pulsante di rinvio?»

«No! Devi aspettare almeno due ore. Sarà solo un breve viaggio nel passato.»

«Fai tutto facile, prof! Perché devo essere sempre io a collaudare le tue invenzioni?»

«Perché gli altri non si fidano! E tu hai bisogno della borsa di studio. Pensa alla tua tesi!»

Prima che io possa replicare, il professore preme un pulsante e io mi trovo avvolto in una specie di nebbia. Almeno così mi sembra attraverso i vetri della cabina. Poi ho un senso di vuoto. La cabina si rovescia...

***

Dalle pareti trasparenti della Cronocabina entra un raggio di sole. Mi rialzo tutto indolenzito. A fatica riesco ad aprire la porta della cabina, incastrata tra un albero e una roccia. Intorno a me non c'è traccia di case, nessun segno di presenza umana.

La città da cui sono partito non esiste più.... O forse non esiste ancora. Se ho viaggiato nel tempo sono andato indietro molto più di 30 anni. Il professore ha toppato!

Provo a premere il pulsante di rinvio. Niente da fare. Forse tra due ore funzionerà. Almeno dovrebbe!

Cerco di scoprire dove mi trovo. A pochi passi dalla Cronocabina scopro, tra la vegetazione incolta, una specie di sentiero. Sono stati uomini a tracciarlo? Non importa. Lo seguo. Una direzione vale l'altra.

Il sentiero mi porta su una collina. Poco prima della cima trovo finalmente una traccia di presenza umana: un lungo solco scavato nel terreno, forse da un aratro. Più avanti trovo ceppi di alberi tagliati. Mi fermo alla vista di una capanna...

Ho paura ad andare avanti. Mi trovo probabilmente in un'epoca preistorica. In quella capanna potrebbe vivere anche un cannibale. Vorrei scappare il più lontano possibile, ma cosa racconterei poi al professore, se riesco a tornare?

Proseguo fino a una radura da cui provengono dei rumori. Nascosto da un cespuglio vedo due uomini. Non si accorgono di me perché sono troppo occupati a lottare tra di loro.

I due combattenti sembrano molto giovani, poco più che ragazzi. Non hanno la barba ma lunghi capelli arruffati. Sono vestiti con rozzi panni di lana e si combattono con delle corte spade.

Mi arrampico su un albero per vedere meglio il duello. Uno dei due uomini, quello più alto e grosso, sta avendo la meglio. Quello più piccolo fa fatica a parare i colpi dell'altro. Indietreggia, scivola e cade a terra. Il grosso urla qualcosa che non capisco e alza la spada per dare all'avversario il colpo mortale...

Il ramo dell'albero su cui mi sono arrampicato cede. Cado a terra con un tonfo. Il combattente più grosso si volta e il piccolo ne approfitta per rialzarsi e colpirlo alle spalle. Il grosso cade a terra in una pozza di sangue. Il piccolo estrae la spada dal corpo del nemico ucciso. Si guarda intorno. Quando si accorge dell'albero con il ramo spezzato io sono già lontano.

Corro a precipizio lungo il sentiero su cui sono venuto. Salto il solco con un balzo e filo giù fino alla base del colle. Individuo il punto in cui ho lasciato la Cronocabina. Mi infilo lì dentro e provo a premere il bottone di rinvio. Stavolta funziona!

***

Racconto al professore la mia avventura. Il prof. mi dice candidamente: «Deve essere saltato un relais. L'assorbimento di energia è stato dieci volte superiore a quello che avevo previsto. Sei andato tra il 700 e l'800 A.C. Faremo un altro tentativo domani...».

Ho un sussulto.

«Non ci penso nemmeno! Ho già rischiato la pelle. Forse ho anche cambiato la storia. Per colpa mia un uomo è morto.»

«Sì, ma un altro si è salvato. Che differenza vuoi che faccia, duemilaottocento anni dopo?»

«E se il morto fosse stato un mio antenato?»

«Tu sei qui, no? Non è mica tanto facile cambiare la storia. Se anche cambiasse qualche piccolo dettaglio, non te ne accorgeresti nemmeno!»

Discuto a lungo con il prof. sui possibili paradossi temporali. Con un gran mal di testa esco dallo studio del professore, a Piazza della

Suburra. Cerco la mia macchina: una vecchia Cinquecento, che avevo parcheggiato, accanto a un cassonetto per i rifiuti, in una traversa di Via Cavour. Vedo con sollievo che sul parabrezza non ci sono multe.

Ma è proprio la mia macchina? Controllo la targa:

Rema G14534

È la mia Cinquecento ma, non so perché, ho la sensazione che ci sia qualcosa di sbagliato. Ripenso a quello che diceva il professore:

Se anche cambiasse qualche piccolo dettaglio, non te ne accorgeresti nemmeno!

Scaccio via il pensiero e metto in moto. Se non trovo troppo traffico, faccio in tempo a vedere il derby alla televisione con i miei amici.

FORZA REMA!

INDICE

Prefazione ... pag. 5

Prologo .... pag. 7

Inizio romanzo.... pag. 9

Epilogo.... pag. 119

Appendici

Storia e fantasia ....pag. 120

Nomi ed espressioni latine e Greche...pag 127

Un Piccolo dettaglio (racconto)... pag. 135

ALTRASTORIA 26

www.ingramcontent.com/pod-product-compliance
Lightning Source LLC
LaVergne TN
LVHW010338070526
838199LV00065B/5756